DIESER ERFOLGSCOACH GEHÖRT:

NAME

EMAIL

MEHR TIPPS UND MOTIVATION BEKOMMST DU AUF:

@HEALTHYHUSTLERS.DE

HEALTHY HUSTLERS

WWW.HEALTHYHUSTLERS.DE

FEEDBACK UND FRAGEN GERNE AN:

WELCOME@HEALTHYHUSTLERS.DE

1. Auflage 2018
Adrian Roth und Julian Hallet, München

Design: Kathrin Fuchsbauer
Druck und Bindung: Klicks GmbH
Printed in Germany
ISBN 978-3-00-060463-8

„ES GIBT NICHT DAS EINE ERFOLGSGEHEIMNIS.
DU BIST DAS ERFOLGSGEHEIMNIS."

- HEALTHY HUSTLERS

HI,

WIR SIND JULIAN (rechts) **& ADRIAN** (links), **DIE AUTOREN DIESES BUCHES.**

Als Erfolgscoaches für Unternehmen und Selbstständige sind wir auch unter dem Namen "Healthy Hustlers" bekannt.

Mit unserem ERFOLGSCOACH unterstützen wir Dich dabei, Dir das Fundament für ein erfolgreicheres und erfüllteres Leben aufzubauen. Dieses Fundament bilden starke Gewohnheiten sowie Strategien aus den Bereichen Produktivität, Vitalität und mentale Stärke, durch die Du Deine Ziele schneller, effektiver und auf eine gesunde Art und Weise erreichst.

Wir freuen uns sehr, dass Du Dich für den ERFOLGSCOACH entschieden hast und wünschen Dir ganz viel Spaß und Erfolg für die kommenden 10 Wochen.

Julian & Adrian

INDEX

WIE WIR ZU ***ERFOLGSCOACHES*** *WURDEN*

Der Smartphone-Wecker klingelt, wird jedoch direkt mit der Schlummer-Taste weggedrückt, da die Nacht mal wieder zu kurz war. Nach der Schlummer-Phase drängt die Zeit, wir machen uns hektisch fertig und verzichten auf das Frühstück. Unterwegs fallen uns alle möglichen To-dos ein, die wir noch erledigen müssen, aber jetzt ist erst einmal Meeting-Time und danach warten bereits zahlreiche E-Mails auf uns. Der stressige Start in den Tag steckt uns noch etwas in den Knochen und so richtig in die Gänge kommen wir erst kurz vor der Mittagspause. Nachmittags geben wir unser Bestes, um die beruflichen To-dos schnell abzuarbeiten, aber uns fehlen die richtigen Strategien und Techniken, um bestmöglich voranzukommen. Am Feierabend schaffen wir es zwar noch zum Sport, ein Großteil der privaten Vorhaben ist dafür allerdings auf der Strecke geblieben. Nach dem Duschen wird noch schnell gekocht, bevor es danach auf unbestimmte Zeit ans Smartphone geht, das uns Entspannung verschafft. Ins Bett haben wir es leider nicht zeitig geschafft und es sieht so aus, als würde morgen mal wieder geschlummert werden. Aber zum Glück ist ja bald Wochenende und wir können alles erledigen, was liegen geblieben ist und haben Zeit für die Dinge, die Spaß machen! Dennoch ist der Tag irgendwie viel zu schnell an uns vorbeigezogen und uns beschleicht das Gefühl, dass eigentlich noch mehr möglich gewesen wäre und wir unseren Zielen kaum näher gekommen sind.

DAS WAREN WIR ZU ANFANG UNSERES BERUFSLEBENS.

DOCH

nach einer Weile stellten wir uns Fragen, die sich jeder Mensch stellen sollte, der noch mehr vom Leben möchte. Fragen, die wir Dir auf den folgenden Seiten auch noch stellen werden.

Dadurch wurde uns klar, dass noch viel mehr in uns steckt und wir noch eine Menge erreichen möchten. Das wir eine riesen Delle ins Universum schlagen möchten! Daher sieht unser Alltag mittlerweile ganz anders aus. Wir lassen uns nicht mehr von unseren Verpflichtungen und unserem Umfeld bestimmen, sondern ordnen alles den für uns wirklich wichtigen Dingen unter. Wir agieren lieber, als zu reagieren und haben den Anspruch, jeden Tag bestmöglich zu nutzen. Wenn der Wecker klingelt, freuen wir uns bereits auf eine entspannte und vitalisierende Morgenroutine, da wir ausreichend geschlafen haben. Unser Tag ist top strukturiert, die To-dos haben Angst vor uns und wir erreichen unsere ambitionierten Ziele stets in schneller Geschwindigkeit und auf eine gesunde Art und Weise. Wir haben uns die für unsere Ansprüche perfekte Balance zwischen optimaler Leistung und genügend Ausgleich geschaffen. Und wie kamen wir dorthin? Wir haben uns über die letzten Jahre sehr stark mit Erfolgsroutinen aus den Bereichen Produktivität, Vitalität sowie mentaler Stärke beschäftigt und eine Menge ausprobiert. Da wir irgendwann an einem Punkt angelangt waren, an dem wir für unsere Ergebnisse und Gewohnheiten bewundert und um Rat gefragt wurden, haben wir beschlossen, auch andere Menschen bei ihrer Erfolgstransformation zu unterstützen. Seitdem haben sich die Ereignisse überschlagen. Wir haben bei einem Gründerwettbewerb gewonnen und ein mehrmonatiges Coaching-Programm durchlaufen, durch das wir unsere Expertise umfassend ausbauen konnten. Wir haben auf Bühnen vor 100 bis hin zu über 1.000 Menschen gesprochen und uns ein starkes Netzwerk aus namhaften Persönlichkeiten aufgebaut. Wir haben erfolgreich eigene Produkte auf den Markt gebracht und beraten mittlerweile Selbstständige und Unternehmen darin, wie sie nachhaltig erfolgreich sein können. Und das alles konnten wir nur erreichen, weil wir uns ein starkes Fundament aus wissenschaftlich fundierten und praxiserprobten Methoden geschaffen haben, das wir nun für dich in ein anwendbares Modell überführt haben. Wie genau dieses Modell aussieht, erfährst Du im folgenden Kapitel.

UNSER MODELL FÜR NACHHALTIGEN ERFOLG

Unser Name "Healthy Hustlers" bedeutet übersetzt so viel wie „smart arbeiten und viel erreichen ohne dabei die Gesundheit zu vernachlässigen" und ist eine Philosophie, die wir auch auf unser Erfolgsmodell übertragen haben. Dieses richtet sich konzeptionell nach Trends sowie Entwicklungen, die in der Businesswelt einen immer höheren Stellenwert erlangen und ebenso bedeutsam für ein erfülltes Privatleben sind. Denn die Anforderungen an jeden Einzelnen von uns steigen, wodurch wir unsere Kompetenz in den Bereichen Selbstmanagement, Gesundheitsmanagement und Stressbewältigung stärken sollten, um jeder Herausforderung besser gewachsen zu sein. Wie wir Dich in diesen Bereichen unterstützen, zeigen wir Dir anhand unseres Erfolgsmodells. Dieses Modell ist das Herzstück unseres 10-Wochen-Transformationsprogramms und damit die Basis für ein erfolgreiches und erfülltes Leben.

ES BESTEHT AUS DEN BEREICHEN PRODUKTIVITÄT, VITALITÄT, MENTALE STÄRKE, ROUTINEN UND KONTINUIERLICHER VERBESSERUNG.

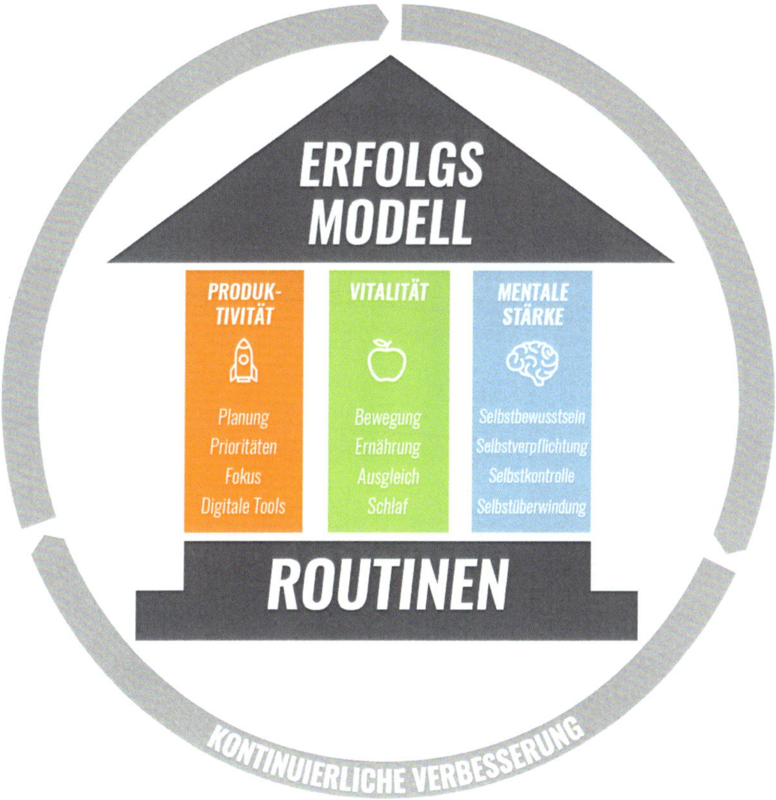

Das Haus haben wir bewusst gewählt, da es dic Philosophie des Modells sehr gut darstellt. Die Grundlage bzw. das Fundament für die tägliche Umsetzung aller Techniken und Lebensweisen aus den Bereichen Produktivität, Vitalität und mentale Stärke bilden die Routinen. Sie sind das Werkzeug, an dessen Power wir uns bedienen, um nachhaltige Gewohnheiten zu etablieren. Hohe Produktivität ohne aktive Vitalität kann nicht funktionieren, wenn man nachhaltig erfolgreich sein möchte. Genauso brauchen wir ein gewisses Maß an mentaler Stärke, um ambitionierte Vorhaben bestmöglich in die Tat umsetzen zu können. Deshalb sind Produktivität, Vitalität und mentale Stärke die drei Säulen, die auf den Routinen fußen und das Haus tragen. Was wir genau unter den einzelnen Bereichen verstehen, erfährst Du in den folgenden Abschnitten.

PRODUKTIVITÄT

„PRODUKTIVITÄT IST NIEMALS EIN ZUFALL. ES IST IMMER DAS ERGEBNIS EINER VERPFLICHTUNG ZU EXZELLENZ, INTELLIGENTER PLANUNG UND FOKUSSIERTER ANSTREGUNG.“

- PAUL J. MEYER

Produktivität ist neben Vitalität und mentaler Stärke ein Kernbereich des Erfolgsmodells und daher von gleicher Wichtigkeit wie die beiden anderen Kernbereiche. Eigentlich. Doch wenn wir ehrlich sind, ist die Produktivität, die den Hustle in unserem Namen widerspiegelt, unsere absolute Kernkompetenz und seit Jahren ein großer Bestandteil unseres Lifestyles. Wir sind nämlich große Fans der Selbstoptimierung, aber vor allem der Umsetzung und das lässt sich im Bereich Produktivität natürlich sehr gut ausleben. Irgendwann hat man sich genügend motivierende Texte durchgelesen sowie theoretisches Wissen angeeignet und es wird Zeit, mit der Umsetzung des Gelernten zu beginnen. Sonst werden wir unseren Zielen kein Stück näher kommen und zu den Menschen gehören, die viel reden, aber nicht handeln. Wenn wir es geschafft haben ins Handeln zu kommen, sollten wir uns auf die Dinge konzentrieren, die uns unseren Zielen langfristig näher bringen. Denn durch den falschen Fokus und mangelnde Methodik kann uns sehr viel Zeit verloren gehen.
Daher streben ambitionierte Macherinnen und Macher danach, ihre kostbare Zeit bestmöglich einzusetzen, um im Leben voranzukommen und erfolgreich zu sein. Denn jeder Tag hat nur 24 Stunden und wir haben abzüglich Schlaf sowie wiederkehrenden Verpflichtungen nur ein sehr begrenztes Zeitkontingent. Wir geben Dir Techniken an die Hand, mit denen Du das Beste aus Deiner Dir täglich zur Verfügung stehenden Zeit rausholen kannst. Zunächst bedarf es dafür einer effektiven Planung Deiner Tages- und Wochenabläufe. Außerdem ist es essentiell, nicht einfach nur viel in

möglichst kurzer Zeit abzuarbeiten, sondern die richtigen und wichtigen Dinge zu priorisieren und zu fokussieren. Störfaktoren zu erkennen und entsprechend zu handhaben unterstützt fokussiertes Arbeiten. Und die richtigen digitalen Tools machen das Leben und Arbeiten leichter. Deine Leistungsfähigkeit und damit Produktivität hängt aber auch maßgeblich von Deiner Physis und Deinem Energielevel ab. Warum genau erfährst Du im nächsten Abschnitt "Vitalität".

VITALITÄT

„ES GIBT NICHTS WICHTIGERES ALS UNSERE GESUNDHEIT - DAS IST UNSER GESAMTES KAPITAL."

- ARLEN SPECTER

Solltest Du Dich öfter antriebslos und gestresst fühlen, bist Du nicht alleine, denn 60% der deutschen Bevölkerung geht es genauso. [1] Nicht umsonst steigt die Zahl derer, die vorzeitig wegen einer psychischen Erkrankung in den Ruhestand gehen müssen.[2] Aber warum lassen so viele Menschen es überhaupt so weit kommen? Besonders in stressigen Zeiten ist es nicht leicht, den Fokus wieder auf die notwendigen Auszeiten zu lenken und etwas für unseren Ausgleich zu tun. Doch wenn wir uns selbst vernachlässigen, werden wir nach und nach gereizter, ausgelaugter sowie überforderter, was sich negativ auf unsere Vitalität auswirkt. Und unsere Vitalität bestimmt maßgeblich, ob wir zufrieden und glücklich sind. Denn Erfolg und Reichtum sind nichts wert, wenn unser Körper dabei auf der Strecke bleibt.

Natürlich haben auch wir hin und wieder Phasen, in denen wir nicht optimal auf unsere Erholung achten und ein wenig gestresst sind. Wir sorgen jedoch dafür, dass diese nie lange anhalten, sodass sie sich langfristig nicht auf unsere Vitalität auswirken. Und auch in diesen Phasen hat unsere Gesundheit immer einen Platz, da wir dadurch die besten Ergebnisse erzielen können. Denn mit einer gesunden Basis aus genügend Schlaf, ausreichend Bewegung, guter Ernährung und Zeit für Ausgleich kann uns Stress wenig anhaben.
Egal wie man es dreht, der pure "Hustle" ist nie die effektivere Lösung, da unser Leben ein Kreislauf

ist, den wir nur begrenzt strapazieren können. Haben wir ein Schlafdefizit oder machen keine Pausen, wird uns das unweigerlich wieder einholen und wir haben letztendlich keine Zeit gespart. Besonders unser Schlaf sollte uns heilig sein, da dieser unser Energielevel am meisten beeinflusst. Denn auf die Symptome von Schlafmangel kommen wir später noch ausführlich zu sprechen. Wenn wir zudem eine gute körperliche Fitness haben, kann unser Körper erwiesenermaßen besser mit Stress umgehen und wir können uns besser konzentrieren.[3] Ausreichend Bewegung über den Tag verteilt sorgt dafür, dass wir mit wenig Aufwand körperlichen Beschwerden vorbeugen. Auch die Ernährung haben wir stets im Blick, da sie unser Treibstoff ist und sich stark auf unser Wohlbefinden auswirkt.

Die vierte Säule, unser Ausgleich, spielt ebenfalls eine tragende Rolle, wenn es um unsere Vitalität geht. Wir brauchen Zeit für uns, für Hobbies, aber auch Zeit mit Menschen, zu denen wir eine starke Verbindung haben. Wenn wir das alles erfolgreich umsetzen wollen, müssen wir möglichst smart und effektiv vorgehen, brauchen aber vor allem eine starke Willenskraft.

MENTALE STÄRKE

„DER VERSTAND IST ALLES. WAS DU DENKST, WIRST DU." - BUDDHA

Vieles um uns herum war irgendwann einmal nur ein Gedanke, der im Laufe der Zeit zur Wirklichkeit geworden ist. Wenn wir uns diesen mächtigen Zusammenhang öfter bewusst machen und uns intensiv mit unserem Verstand und seiner Funktionsweise auseinandersetzen, dann können wir unsere Realität nicht nur beeinflussen, wir können sie nach unseren Wünschen erschaffen. Dafür benötigen wir ein ausgeprägtes Maß an mentaler Stärke.

Wenn Du Deine mentale Stärke verbessern willst, kannst Du dies vor allem durch mehr Selbstbewusstsein, Selbstverpflichtung, Selbstkontrolle und Selbstüberwindung tun. Denn ein starkes Selbstbewusstsein bildet die Grundlage für mentale Stärke und ermöglicht es uns, unser volles Potenzial einzusetzen. Wenn wir lernen Verpflichtungen einzugehen und ernst zu nehmen, richten wir unser gesamtes Leben auf unsere Ziele aus und erhöhen so die Wahrscheinlichkeit, diese zu erreichen. Durch ein hohes Maß an Selbstkontrolle lassen wir unsere Emotionen nicht mehr durch äußere Umständen beeinflussen und werden dadurch unaufhaltbar. Und nur, wenn wir bereit sind Risiken einzugehen und Herausforderungen anzunehmen, können wir über uns selbst hinauswachsen. Genau diese vier Bereiche werden wir in den kommenden 10 Wochen mit Dir trainicren.

Dabei werden wir vor allem Deine Willenskraft auf den Prüfstand stellen. Eine Eigenschaft, die für Deine Zufriedenheit und die Erreichung Deiner Ziele und damit Deinen Erfolg enorm wichtig ist. Dank zahlreicher Studien wissen wir, dass wir auf täglicher Basis nur einen begrenzten Vorrat an Willenskraft zur Verfügung haben.[4] Wenn wir uns zwischen umsetzen und aufgeben entscheiden müssen, ist unser Vorrat an verfügbarer Willenskraft ausschlaggebend und bestimmt, ob wir uns für oder gegen etwas entscheiden. Mit jeder Entscheidung nimmt dieser Vorrat ab. Wie auch unsere Muskeln können wir unsere Willenskraft trainieren und damit stärken.[5] Falls wir es über den Punkt hinaus schaffen, an dem wir für gewöhnlich aufgegeben hätten, heben wir unsere Willenskraft und unser Selbstvertrauen auf ein neues Level.
Das klingt ganz schön unbequem, oder? Aber wenn es Dir gelingt, durch das Wiederholen täglicher Routinen, die Dich anfangs noch Überwindung gekostet haben, Gewohnheiten aufzubauen, musst Du im Laufe der Zeit kaum noch Willenskraft dafür aufbringen. Wenn Du also lernst, Deinen Vorrat an Willenskraft effektiv einzusetzen und den Willenskraft-Muskel ein wenig strapazierst, kannst Du Deine Vorhaben mit weniger Anstrengung Realität werden lassen.

ROUTINEN

„GUTE GEWOHNHEITEN SIND SCHWER AUFZUBAUEN, ABER ES IST LEICHT MIT IHNEN ZU LEBEN. SCHLECHTE GEWOHNHEITEN SIND LEICHT AUFZUBAUEN, ABER ES IST SCHWER MIT IHNEN ZU LEBEN." - BRIAN TRACY

Das Leben besteht letztendlich aus einer Aneinanderreihung von Tagen. Aus unglaublich vielen Tagen, die zusammengenommen Wochen, Jahre und Jahrzehnte ergeben. Die Routinen eines jeden Tages bestimmen somit maßgeblich unser Leben. Durch die immer gleiche Abfolge von Routinen entwickeln sich im Laufe der Zeit feste Gewohnheiten. Wenn es uns gelingt, durch das Wiederholen von Routinen positive Gewohnheiten aufzubauen, schaffen wir uns den größten Hebel, um unsere Lebensqualität nachhaltig zu verbessern.[6] Wie Du vielleicht schon weißt, ermöglichen Dir Routinen, die Auslastung Deiner Entscheidungskapazität zu verringern und somit bessere Entscheidungen bei den wirklich wichtigen Fragen zu treffen.[7] Zudem sind Routinen ein wahrer Stresskiller und sorgen für einen insgesamt gesünderen Lebensstil, da sie Dich in hektischen Zeiten davor bewahren ungesund zu leben.[8] Durch Routinen ist unser Körper ein Muster gewohnt, für das er weniger Energie aufwenden muss und durch das wir mehr Energie erhalten. Für unsere persönliche Weiterentwicklung, Zufriedenheit und Gesundheit sind gute Routinen also unabdingbar.[9] Die Routinen, die Du mit diesem Buch auf täglicher Basis wiederholst, sollen Dir außerdem dabei helfen, Dich wieder mehr mit Dir selbst beschäftigen zu können, Zeit für Dinge einzuplanen, die Dir wichtig sind sowie mehr Struktur und somit mehr Kontrolle zu erlangen.

Nun fragst Du Dich vielleicht, wie lange es dauert, bis Du eine Routine und die damit verbundenen Gewohnheiten fest in deinen Tagesablauf etabliert hast.

Im Durchschnitt sind es 66 Tage.[10] Verglichen mit dem Nutzen, den Du langfristig mit den verschiedensten Routinen in Dein Leben bringen wirst, eine ziemlich kurze Zeit, wie wir finden!

KONTINUIERLICHE VERBESSERUNG

„EIN AUSSERGEWÖHNLICHES LEBEN DREHT SICH UM TÄGLICHE, KONTINUIERLICHE VERBESSERUNGEN IN DEN BEREICHEN, DIE AM WICHTIGSTEN SIND. “

- ROBIN SHARMA

Wie Du an unserem Zitat erkennst, sind wir der festen Überzeugung, dass ein außergewöhnliches Leben nur möglich ist, wenn wir uns täglich in den wichtigsten Lebensbereichen weiterentwickeln. Denn was ist all unser Wissen und Können wert, wenn es nach 5 Jahren komplett veraltet ist? Zudem weiß jeder, der sich mit Persönlichkeitsentwicklung befasst, dass die Reise nie ein Ende findet. Und das ist auch gut so. Wäre es nicht schade, wenn es einen Endzustand gäbe, in dem wir keine Ambitionen mehr haben, uns zu verändern? Tony Robbins sagt passend dazu: "Wenn Du nicht wächst, stirbst Du." Und das sehen wir genauso, denn persönliches Wachstum ist es doch, durch das wir uns lebendig fühlen.

Deshalb ist die kontinuierliche Verbesserung ein wichtiger Bestandteil unseres Erfolgsmodells. Du bekommst Schritt für Schritt Wissen und Fertigkeiten vermittelt, die Du Stück für Stück ausbaust. Das 10-Wochen-Transformationsprogramm ist für sich genommen schon ein beachtlicher persönlicher Wachstums- und Verbesserungsimpuls. Doch nach den 10 Wochen ist es nicht vorbei. Im Gegenteil, dann fängt es erst richtig an. Unsere Kernbereiche Produktivität, Vitalität und mentale Stärke bieten so viele weitere Herausforderungen, denen wir uns stellen dürfen. Also lass uns diese unendliche Reise genießen und zusammen wachsen, jeden Tag ein bisschen mehr.

AUFBAU DES ERFOLGSCOACHES

In der nachfolgenden Grafik, dem Healthy-Hustlers-Erfolgsturm, siehst Du, was Dich in den kommenden 10 Wochen bzw. 10 Levels erwartet. Wir begleiten Dich beim Aufbau Deines Fundaments für nachhaltigen Erfolg und meistern dafür in jeder Woche zwei Challenges mit Dir. Die Stockwerke bzw. Levels sind so aufgebaut, dass sie einer logischen Reihenfolge entsprechen und Stück für Stück schwieriger werden.

Level 1-3 sind mit Journaling, Schlaf und Routinen die Grundlagen, auf denen alle anderen Levels aufbauen. Diese drei Levels werden ergänzt durch jeweils eine Challenge aus dem Bereich mentale Stärke. In Level 4-9 bekommst Du dann die volle Ladung Produktivität und Vitalität mit jeweils einer Challenge je Level. Level 10 beinhaltet eine umfangreiche Reflektion der vorherigen Challenges und Du darfst Dir jeweils einen Produktivitätsplan und einen Vitalitätsplan entwerfen.
In vielen Levels wirst Du Hinweise auf eine von uns aufgenommene Podcast-Episode (Audiodatei zum Anhören auf Deinem Smartphone) erhalten, die Dir über die iPhone Podcast App, Spotify und viele weitere Apps zur Verfügung steht. Der Begriff "Podcast" ist übrigens ein Kunstwort, das sich aus Pod für "play on demand" und cast, abgekürzt vom Begriff Broadcast (Rundfunk), zusammensetzt.[1] Wenn Du also weitere Impulse zu einem Thema direkt von uns erhalten willst, dann höre gerne rein.

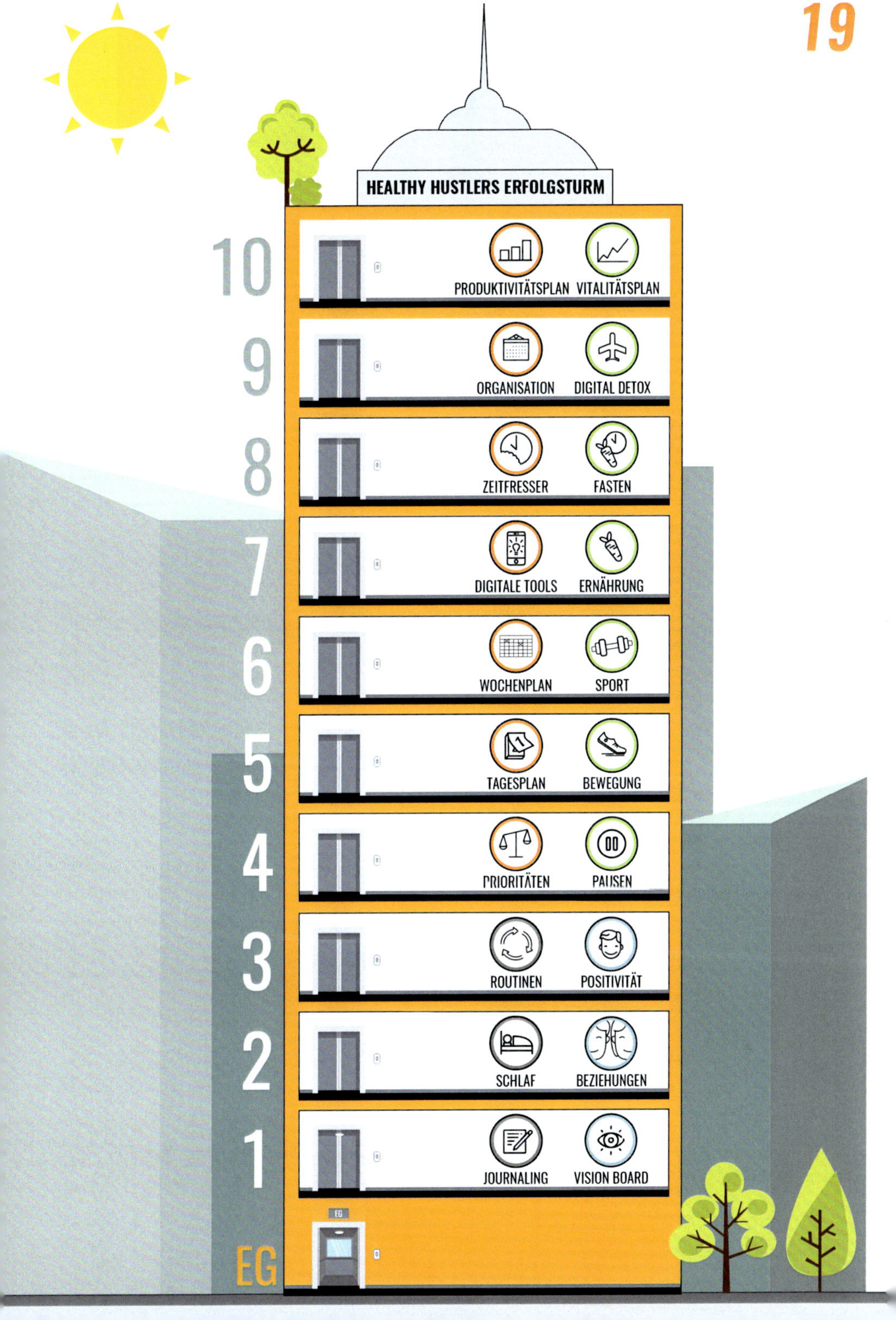
HEALTHY HUSTLERS ERFOLGSTURM
10
PRODUKTIVITÄTSPLAN
VITALITÄTSPLAN
9
ORGANISATION
DIGITAL DETOX
8
ZEITFRESSER
FASTEN
7
DIGITALE TOOLS
ERNÄHRUNG
6
WOCHENPLAN
SPORT
5
TAGESPLAN
BEWEGUNG
4
PRIORITÄTEN
PAUSEN
3
ROUTINEN
POSITIVITÄT
2
SCHLAF
BEZIEHUNGEN
1
JOURNALING
VISION BOARD
EG

AUFBAU DER LEVELS

1.	2.	3.
CHALLENGE 1	CHALLENGE 2	WOCHENABSCHLUSS
ERKLÄRUNG	ERKLÄRUNG	
UMSETZUNG *MONTAG*	UMSETZUNG *MITTWOCH*	REFLEKTION *SONNTAG*

1 WOCHE/LEVEL

1. *Du bekommst einleitend in jedem Level von uns Inhalte zu einem Thema und die Erklärung der 1. Challenge aufbereitet. Direkt am nächsten Tag, also Montag, beginnst Du die Umsetzung der Challenge.*

2. *Du bekommst neue Inhalte zu einem Thema und die Erklärung der 2. Challenge aufbereitet. Direkt am nächsten Tag, also Mittwoch, beginnst Du auch hier mit der Umsetzung der Challenge.*

3. *Am Sonntag erwartet Dich der Wochenabschluss mit einer umfassenden Reflektion.*

Die Woche/das Level geht immer von Montag bis Sonntag. An den Tagen zwischen den Challenges und dem Wochenabschluss findest Du "normale" Journal-Seiten zum Ausfüllen.

WICHTIG
- BITTE BEACHTEN

Starte das Programm unbedingt an einem Montag, sonst funktioniert es nicht! Du solltest vorher die komplette Einleitung bis zur ersten Challenge lesen.

Jede Challenge solltest Du, wie beschrieben, **Montags und Mittwochs direkt umsetzen**. Natürlich wissen wir, dass auch etwas dazwischen kommen kann. In diesem Fall kannst Du eine Challenge an einem anderen Tag nachholen. Doch Achtung: Einmal aufgeschoben kannst Du schnell in Rückstand geraten.

Für jede Challenge hast Du also **exakt einen Tag Zeit**, um den Impuls oder die Technik auszuprobieren. Die einzige **Ausnahme ist das Journaling, der Schlaf und die Routinen**. Diese drei Challenges werden Dich über die gesamten 10 Wochen begleiten.

An den **Wochenenden** drücken wir genau bei diesen drei Challenges (Journaling, Schlaf und Routinen) auch selbst einmal ein Auge zu. Menschen sind nun mal keine Maschinen und wir erwarten von niemandem, dass alles jeden einzelnen Tag durchgezogen wird.

Alle unsere Challenges darfst Du als ein **Buffet sehen, von dem Du Dich bedienen kannst, aber nicht musst**. Nicht alle Challenges werden Dir zu 100% taugen und es kann natürlich auch vorkommen, dass Du den Inhalt einer Challenge bereits kennst und umsetzt. Probiere aus, wovon Du etwas lernen kannst oder womit Du Dich herausforderst und habe Spaß dabei.

Unser Anspruch ist es, sowohl für **Studenten, Angestellte und auch Selbstständige** einen hohen Mehrwert zu liefern, da am Ende des Tages hinter allen Gruppen Privatpersonen stehen, die Arbeit und Freizeit jonglieren und daher von unseren Impulsen profitieren. Trotzdem ist es nicht immer möglich, jeden Inhalt und jede Challenge für alle Gruppen und jede Art von Job auszulegen. Du darfst also wachsam sein und unsere Vorschläge auf Deine individuellen Bedürfnisse prüfen und ggf. anpassen.

PUNKTESYSTEM

Um Dir einen zusätzlichen Anreiz zu schaffen, möglichst viele Challenges auszuprobieren und zu meistern, haben wir uns ein Punktesystem überlegt. Es ist ganz simpel und funktioniert wie folgt. Für jede bestandene Challenge bekommst Du einen Punkt. Bei insgesamt 10 Levels mit jeweils zwei Challenges kannst Du insgesamt also maximal 20 Punkte erreichen. Je nach Punktzahl erhältst Du am Ende ein Bronze-, Silber- oder Gold-Abzeichen.

Und so funktioniert der Prozess der Punktevergabe:

1. In dem Wochenabschluss jedes Levels findest Du im Bereich "Challenge-Reflektion" das Feld "Punktzahl". In diesem Feld hast Du drei Optionen

    a. 0 von 2 Punkten → keine Challenge gemeistert
    b. 1 von 2 Punkten → eine Challenge gemeistert
    c. 2 von 2 Punkten → zwei Challenges gemeistert

2. Ganz am Ende der 10 Wochen findest Du in der Abschlussreflektion eine Gesamtübersicht, in die Du die Punktzahl je Level einträgst.

3. Dann addierst Du alle Werte, um Deine finale Gesamtpunktzahl zu bestimmen und erhältst Dein Abzeichen entsprechend der untenstehenden Übersicht.

 1 - 10	 11 - 15	 16 - 20

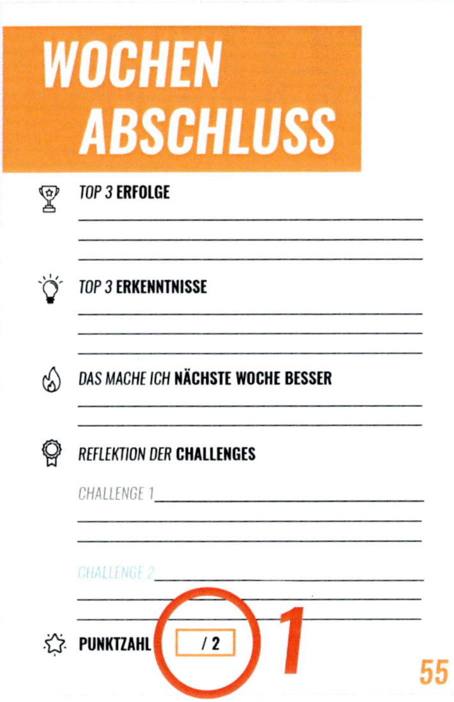

WOCHEN ABSCHLUSS

TOP 3 **ERFOLGE**

____

____

____

TOP 3 **ERKENNTNISSE**

____

____

____

DAS MACHE ICH **NÄCHSTE WOCHE BESSER**

____

____

REFLEKTION DER **CHALLENGES**

CHALLENGE 1______________________________

____

____

CHALLENGE 2______________________________

____

____

PUNKTZAHL / 2

1

55

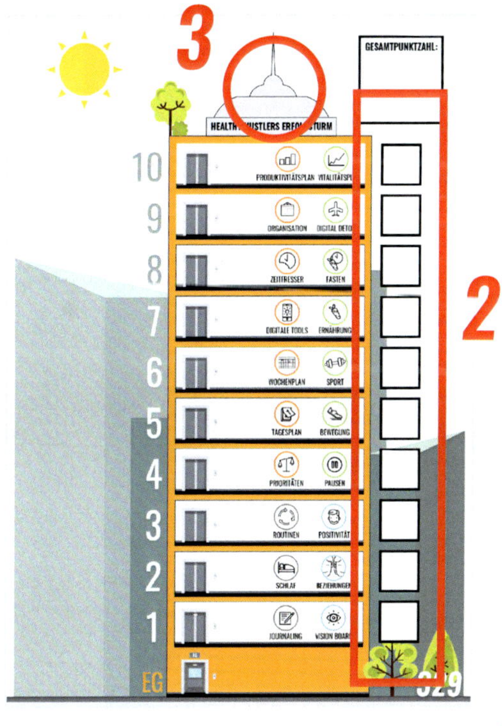

EXPERTENSEITEN

Um den ERFOLGSCOACH für Dich noch spannender zu machen und ihn inhaltlich über unsere eigene Expertise hinaus aufzuwerten, haben wir ein besonderes Format integriert. Du findest über jedes Level verteilt insgesamt 13 Experten, die auf jeweils zwei bis drei Seiten ihre Erfahrungen und Strategien für Dich aufbereitet haben. Dabei passt der Inhalt zum jeweiligen Level und stellt somit eine sinnvolle Ergänzung dar.

Die Experten-Seiten wirst Du leicht erkennen, denn sie sind immer gleich aufgebaut. Neben einem Foto und persönlichen Fakten gibt es eine Kurzvorstellung und Einleitung zum jeweiligen Thema und auf den Folgeseite findest Du auf den Punkt gebracht die wichtigsten Tipps und Strategien.

„DER ZIELLOSE ERLEIDET SEIN SCHICKSAL

DER ZIELBEWUSSTE GESTALTET ES.“

- IMMANUEL KANT

SELBST-EINSCHÄTZUNG

DEIN SINN DES LEBENS

Wir sind der Meinung, dass unser Programm eine noch größere Wirkung für Dich entfalten kann, wenn Du weißt, wo Du aktuell in Deinem Leben stehst und vor allem, wohin Du gehen willst. Deshalb gibt es jetzt eine extra Portion Tiefgang, die sich gewaschen hat. Suche Dir am besten einen Platz aus, wo Du alleine bist und ganz in Ruhe ohne Ablenkung in Dich gehen kannst. Denn der gesamten Prozess der Selbsteinschätzung wird handschriftlich stattfinden und Du solltest dafür mindestens eine Stunde einplanen.

Es geht um Deinen Sinn des Lebens. Wenn Du Freunde, Bekannte oder Arbeitskollegen fragst, was denn ihr Sinn des Lebens ist, wirst Du vermutlich mit großen Augen angeschaut und bekommst keine Antwort. Dabei ist es doch eine der wichtigsten Fragen überhaupt. Das eigene "Warum" zu finden und zu identifizieren, was dich jeden Tag antreibt und aus dem Bett steigen lässt - oder eben nicht. Hast Du Deinen Sinn des Lebens bereits gefunden oder bist Du noch auf der Suche nach Deiner persönlichen Vision? Wenn wir einmal identifiziert haben, wofür wir eigentlich hier sind und wofür wir brennen, kann das unser gesamtes Leben auf den Kopf stellen. Wir entwickeln einen enormen Antrieb und lassen uns von nichts abhalten, um diesem übergeordneten Ziel näher zu kommen. Dadurch fällt uns vieles leichter und wir können unsere Vorhaben mit mehr Energie und Motivation angehen. Genau diese Energie und Motivation kann es Dir deutlich erleichtern, an Dir zu arbeiten. Bevor Du also damit beginnst, Dich mit den Bausteinen für nachhaltigen Erfolg zu beschäftigen, darfst Du Dich erst auf die Suche nach Deiner großen Leidenschaft und Lebensaufgabe machen.

Paradoxerweise nehmen sich die meisten Menschen jedoch nicht die Zeit, um ihre Leidenschaft zu identifizieren und darüber nachzudenken, wie sie ihren Traum Wirklichkeit werden lassen können.

Und auch, wenn wir für uns erkannt haben, was wir eigentlich erreichen möchten, sind wir bei dem Blick auf dieses große Ziel erst einmal überfordert und wissen nicht, wo wir anfangen sollen, was leicht in Kapitulation resultiert.

Dabei genügt es, sich im ersten Schritt erst einmal klar zu machen, wo wir überhaupt hinwollen. Hierfür möchten wir Dir mit gezielten Fragen und Anregungen eine Hilfestellung bieten, sind uns aber auch darüber im Klaren, dass es Zeit braucht, seinen Sinn des Lebens zu finden. Falls es also nicht direkt "klick" macht, darfst Du nicht enttäuscht sein. Im ersten Schritt wirst Du dafür Deine Stärken und Besonderheiten identifizieren. Danach folgen Fragen zu Deinen Interessen und Werten.

TIMO ECKHARDT

SYSTEMISCHER COACH, UNTERNEHMER UND PODCASTER
DIGITALE NOMADEN PODCAST

„FINDE DEN SLOGAN DEINES EIGENEN LEBENS, UM DIR DEINER STÄRKEN BEWUSST ZU WERDEN."

Ich helfe zusammen mit meinem Geschäftspartner Sascha Boampong Menschen dabei, das klassische Bildungs- und Arbeitssystem zu verlassen, um sich ein freies, selbstbestimmtes Leben aufzubauen.
Das erreichen wir einerseits durch unseren Podcast, den "Digitale Nomaden Podcast", mit dem wir bekannt geworden sind und andererseits durch Coachings, Workations sowie Online-Kurse. Als Unternehmer ist es für mich extrem wichtig, die eigenen Stärken zu kennen, um diese im Business effektiv einzusetzen und Aufgaben zu identifizieren sowie abzugeben, die nicht zu den eigenen Stärken gehören. Außerdem lässt sich nur dann ein gutes Selbstbewusstsein entwickeln und viel erreichen, wenn man sich seiner Stärken bewusst ist. Die eigenen Stärken zu finden ist jedoch ein langwieriger Prozess.
Um meinen "Slogan des eigenen Lebens" zu finden habe ich beispielsweise ein Jahr gebraucht.
Aber mir meiner eigenen Stärken bewusst zu werden und diese weiter auszubauen, hat weitaus länger gedauert.
Als Kind war ich beispielsweise

ziemlich schlecht in der Schule, da ich meine Stärken nicht kannte und noch kein gutes Selbstbewusstsein hatte. Erst als meine Lehrerin mir sagte, dass sie noch viel mehr Potenzial in mir sähe und ich danach mein Umfeld wechselte, wurde ich deutlich besser und konnte mein Abitur sehr gut abschließen.
Und das nur, weil mir dadurch gespiegelt wurde, was ich gut kann und ich meine Stärken dadurch richtig einsetzen konnte. Durch einen Auslandsaufenthalt in Neuseeland und meine Coaching-Ausbildung habe ich meine Stärken im Laufe der Zeit dann noch besser kennengelernt. Denn vor allem in einem fremden Umfeld ist man sehr auf sich alleine gestellt und findet noch weiter zu sich. Zudem gab es in der Coaching-Ausbildung eine Abschlussübung zur Findung der eigenen Stärken. Dafür sollten wir 6 Fragen für uns beantworten. Diese Fragen und weitere Strategien, um Deine Stärken bestmöglich zu identifizieren, möchte ich nun gerne mit Dir teilen.

Übung zur Ermittlung Deiner Stärken

Nimm Dir auf den nachfolgenden Seiten in den dafür vorgesehenen Zeilen ausführlich Zeit, die folgenden Fragen für Dich zu beantworten:

1. **Was sind meine Stärken?**
2. **Worin bin ich talentiert?**
3. **Was macht mich einzigartig?**
4. **Was ist besonders an mir?**
5. **Was macht mich unverwechselbar?**
6. **Was wünsche ich mir für die Zukunft?**

Stelle diese Fragen zu deiner Person auch Deiner Familie und Freunden. Dadurch wirst Du erkennen, inwiefern Deine Selbstwahrnehmung von der Wahrnehmung Deiner Mitmenschen abweicht und Stärken ermitteln, über die Du Dir noch nicht bewusst warst.
Wenn Du noch einen Schritt weiter gehen möchtest, dann stelle diese Fragen sogar Menschen, die Dich nur kurz kennengelernt haben oder mit denen Du nur im Business zu tun hast. Umso mehr Menschen Du fragst, desto klarer wird Dein Bild der eigenen Stärken ausfallen.

Weitere Tipps

- *Versuche den roten Faden zu identifizieren, der sich durch Dein gesamtes Leben zieht. Blicke dafür auf die größten Höhepunkte und Tiefpunkte zurück.*
- *Kreiere dafür den "Slogan Deines eigenen Lebens". Durch diesen Slogan weißt Du einerseits, wofür Du stehst, andererseits auch, wofür Du nicht stehst. Mein Slogan lautet beispielsweise "Neues spielerisch erkunden", da ich mir mein eigenes, selbstbestimmtes Leben kreieren möchte, und das auf eine spielerische Art und Weise.*
- *Die Erfahrung für einen längeren Zeitraum alleine zu reisen wird Dich Deinen Stärken ein großes Stück näherbringen und ist super für die persönliche Weiterentwicklung.*
- *Dein gewohntes Umfeld spielt eine wichtige Rolle, wenn es um Deine Stärken geht. Denn durch ein positives Umfeld wirst Du Deine Stärken noch besser kennenlernen und ausbauen können. Ein negatives Umfeld bewirkt eher das Gegenteil.*

DEINE STÄRKEN

Da Dir Deine Stärken viel darüber verraten, welchen Weg Du im Leben einschlagen solltest, ist es hilfreich, diese bestmöglich zu kennen.
Beantworte dafür die von unserem Experten Timo Eckhardt empfohlenen Fragen.

1. Was sind Deine Stärken?

____

____

____

2. Worin bist Du talentiert?

---

3. Was macht Dich einzigartig?

---

4. Was ist besonders an Dir?

---

5. Was macht Dich unverwechselbar?

---

6. Was wünschst Du Dir für die Zukunft?

Nun sind Freunde und Familie dran! Schicke auch ihnen diese Fragen und lass Dich überraschen, was sie über Dich sagen werden. Vergiss nicht ihnen dafür eine Frist zu setzen und habe keine Angst vor diesem Selbstexperiment - es wird Dir so viel wertvolles über Dich verraten.

DEINE INTERESSEN UND WERTE

Super, dass Du Dir bereits die Zeit genommen hast, Dich so intensiv mit Deinen Stärken zu beschäftigen. Jetzt darfst Du Dich noch mit Deinen Interessen und Werten vertraut machen.

1. Mit welchen Themen beschäftigst Du Dich am meisten (in Form von Büchern, Videos oder Gesprächen)?

2. Für welche Themen bist Du bei Deinen Freunden oft die Anlaufstelle, wenn es um einen guten Rat geht?

3. Welche Problemstellungen oder Herausforderungen würdest Du gerne angehen?

4. Was würdest Du tun, wenn Geld im Leben keine Rolle spielen würde?

5. Was waren Deine größten Errungenschaften und wieso hast Du sie angestrebt?

6. Welche 3 Werte sind Dir im Leben ganz besonders wichtig? Das können beispielsweise Werte wie Erfolg, Freiheit, Liebe, Loyalität, Sicherheit, Gerechtigkeit, Anerkennung, oder auch Authentizität sein.

Wir hoffen, dass Du durch unsere Fragen neue Erkenntnisse darüber gewinnen konntest, ob Du Deine Talente und Stärken bereits optimal einsetzt und Dein Leben nach Deinen Werten sowie Interessen gestaltest. Falls nicht, dann überlege Dir unbedingt, welche Schritte Du dafür gehen kannst und möchtest.

DEIN VERMÄCHTNIS

Um im Flow zu bleiben und Deine aktuelle Stimmung zu nutzen, geht es direkt weiter mit einer unserer Lieblingsübungen. Am besten hältst Du kurz inne, entspannst Dich und atmest drei Mal tief ein und aus.

Nun stell Dir vor, dass Du zu einer Beerdigung eines Menschen gehst, der Dir enorm viel bedeutet.[1] Versuche Dir dieses Bild richtig zu verinnerlichen. Das Bild der Kirche und des großen Raumes, in dem viele Menschen sitzen und trauern. Die Atmosphäre, die Farben, der Geruch, die Gesichter der Menschen. Du gehst langsam den großen Mittelgang nach vorne und bleibst vor dem Sarg stehen, der mit Blumengestecken und Bildern verziert ist. Die Person, die in dem Sarg liegt, bist DU.

Während dieser Zeremonie sprechen vier verschiedene Personen. Es beginnt ein sehr enges Familienmitglied. Danach spricht ein Freund, danach ein langjähriger Kollege oder Dein Chef und zum Schluss eine Person aus der Nachbarschaft oder aus Deinem sozialen Umfeld.
Die große Frage ist: Was sollen diese Menschen sagen? Was möchtest Du, das die Personen über Dich erzählen? Welchen bleibenden Eindruck willst Du bei Deiner Familie, Deinen Freunden und anderen Mitmenschen hinterlassen? Welche Rolle hast Du im Leben eingenommen? Für welche Eigenschaften wurdest Du geschätzt?

Jetzt kommt der Realitäts-Check: Würden diese Personen zum heutigen Zeitpunkt die gleiche Meinung von Dir haben? Behandelst Du jede einzelne dieser Personen so, dass sie ausschließlich positiv über Dich denken? Wenn die Realität sich mit dem deckt, was die Personen an Deiner Beerdigung gesagt haben, ist das sehr gut. Falls nicht darfst Du noch ein bisschen an Dir und Deinem Verhalten Deinen Mitmenschen gegenüber arbeiten. So oder so darfst Du nun aufschreiben, wie genau Du diesen Menschen in Erinnerung bleiben möchtest:

DEINE ZUFRIEDENHEIT

Du hast am Anfang das Erfolgsmodell und seine Bereiche Produktivität, Vitalität und mentale Stärke mit deren Inhalten kennengelernt. Dieselben Inhalte findest Du in dieser Grafik. Ziel dieser Übung ist es, Deine Zufriedenheit für jeden der Unterpunkte in jedem der drei Bereiche festzuhalten, bevor Du das 10-Wochen-Transformationsprogramm startest. Am Ende des Programms erfolgt eine zweite Abfrage, sodass Du Deinen Fortschritt reflektieren kannst.

Jetzt

- *Zufriedenheit je Bereich mit 1-10 mit einem farbigen Stift markieren.*
- *Alle Zahlen miteinander verbinden.*

Nach 10 Wochen

- *Nochmals die Zufriedenheit je Bereich mit 1-10 mit einem andersfarbigen Stift markieren.*
- *Alle Zahlen miteinander verbinden.*
- *Die Ergebnisse vergleichen und damit Deinen Fortschritt reflektieren.*

LEGENDE

Produktivität

- **Planung:** wie effektiv sind Deine Tages- und Wochenabläufe strukturiert
- **Prioritäten:** wie gut sortierst Du Prioritäten unter ganzheitlicher Betrachtung nach ihrer Wichtigkeit und Dringlichkeit
- **Fokus:** wie gut handhabst Du Störfaktoren und wie konzentriert arbeitest Du an Deinen Aufgaben
- **Digitale Tools:** wie gut setzt Du Programme & Software zur Planung, Organisation und Kommunikation ein

Vitalität

- **Schlaf:** wie hoch ist Deine Schlafqualität und Schlafdauer
- **Bewegung:** wie viel Bewegung und Sport integrierst Du in Deinen Alltag
- **Ernährung:** wie natürlich und ausgewogen ernährst Du Dich
- **Ausgleich:** wie viel Zeit nimmst Du Dir für Dinge, die Dir Erholung verschaffen

Mentale Stärke

- **Selbstbewusstsein:** wie gut setzt Du Deine Fähigkeiten ein und vertraust in diese
- **Selbstverpflichtung:** wie schwer fällt es Dir Verpflichtungen einzugehen und einzuhalten
- **Selbstkontrolle:** wie gut hast Du Deine Emotionen und Dein Leben unter Kontrolle
- **Selbstüberwindung:** wie gerne stellst Du Dich neuen Herausforderungen und gehst Risiken ein

10 - *vollkommen zufrieden*
1 - *sehr unzufrieden*

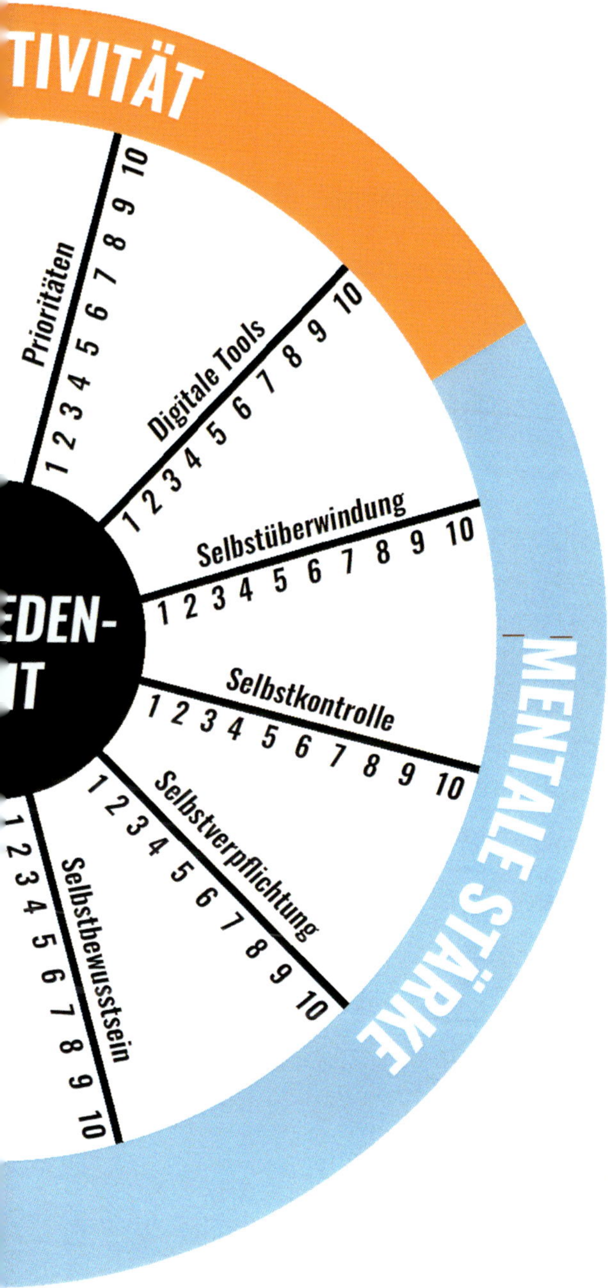
TIVITÄT
Prioritäten
1 2 3 4 5 6 7 8 9 10
Digitale Tools
1 2 3 4 5 6 7 8 9 10
Selbstüberwindung
1 2 3 4 5 6 7 8 9 10
EDEN-
IT
Selbstkontrolle
1 2 3 4 5 6 7 8 9 10
Selbstverpflichtung
1 2 3 4 5 6 7 8 9 10
Selbstbewusstsein
1 2 3 4 5 6 7 8 9 10
MENTALE STÄRKE

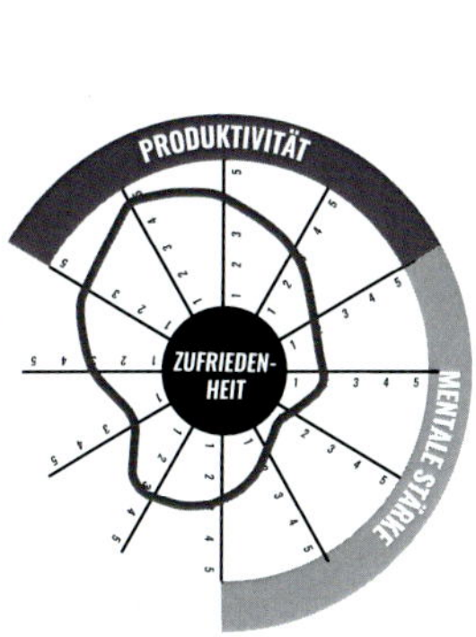
PRODUKTIVITÄT
ZUFRIEDEN-
HEIT
MENTALE STÄRKE

DEIN VERTRAG

Ich, ______________ verpflichte mich hiermit dazu, dieses 10-Wochen-Transformationsprogramm mit voller Kraft und Motivation durchzuziehen, damit ich mir ein starkes Fundament für nachhaltigen Erfolg aufbaue.

Ich weiß, dass mein Leben sich dadurch wie folgt ändern wird:

____

____

____

Ich werde folgender Person von meinem Vorhaben erzählen und ihr versichern, dass ich dieses Programm erfolgreich abschließen werde. Ich bitte sie, mich immer wieder nach dem Stand der Dinge zu fragen.

____

Wenn ich es schaffe, das Programm erfolgreich zu beenden, dann belohne ich mich mit:

____

Datum Unterschrift

DU MEINST ES WIRKLICH ERNST? Poste ein Bild oder eine Story vom Erfolgscoach auf Instagram und verlinke uns **@healthyhustlers.de**. So verpflichtest Du Dich maximal, denn Deine Follower und wir wissen Bescheid, dass Du die 10-Wochen-Challenge gestartet hast!

JETZT GEHT'S LOS!

*Es wird Zeit endlich durchzustarten. Du weißt, was Dich in den kommenden 10 Wochen erwartet und kannst Dir sicher vorstellen, dass es nicht leicht wird. Doch wir vertrauen darauf, dass Du unsere Challenges meistern wirst, da Du bereit bist, in Dich und Deine Fertigkeiten zu investieren, um Dir ein starkes Fundament für nachhaltigen Erfolg zu erschaffen. Lass uns gemeinsam Deine Produktivität, Vitalität und mentale Stärke auf ein neues Level bringen - und das Allerwichtigste dabei: **Habe ganz viel Spaß und genieße die Reise!***

„EINE REISE VON TAUSEND MEILEN **BEGINNT MIT EINEM EINZIGEN SCHRITT.**"

– LAO TZU

LEVEL 1

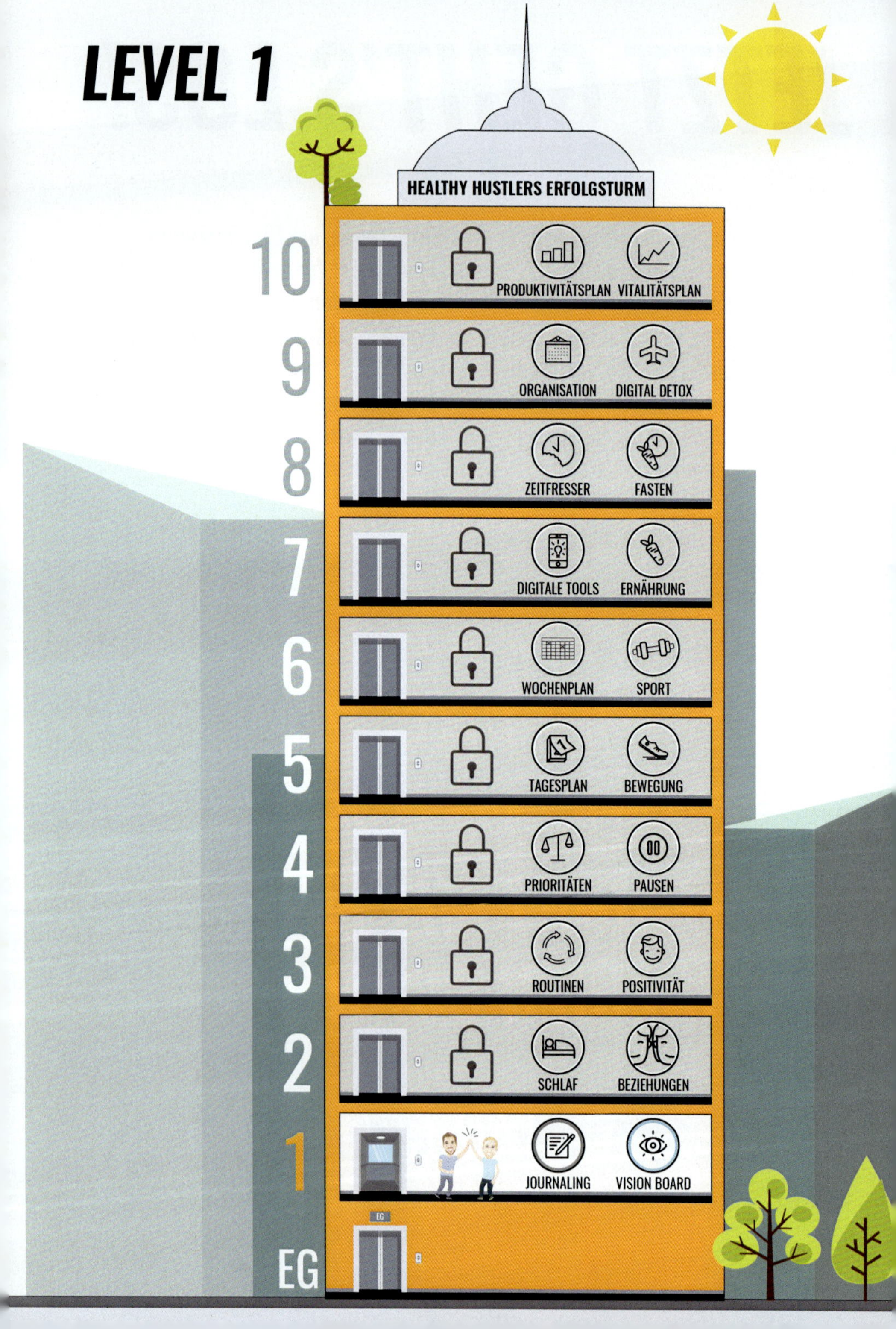

HEALTHY HUSTLERS ERFOLGSTURM
10
PRODUKTIVITÄTSPLAN
VITALITÄTSPLAN
9
ORGANISATION
DIGITAL DETOX
8
ZEITFRESSER
FASTEN
7
DIGITALE TOOLS
ERNÄHRUNG
6
WOCHENPLAN
SPORT
5
TAGESPLAN
BEWEGUNG
4
PRIORITÄTEN
PAUSEN
3
ROUTINEN
POSITIVITÄT
2
SCHLAF
BEZIEHUNGEN
1
JOURNALING
VISION BOARD
EG
EG

JOURNALING

„KLEINE DETAILS DEINES TÄGLICHEN LEBENS ZU DOKUMENTIEREN WIRD ZU EINER FEIER DEINES SELBST.“

- CAROLYN V. HAMILTON

Der Begriff “Journal” kommt eigentlich aus dem Lateinischen (diuarnalis), bedeutet soviel wie täglich und kann je nach Zusammenhang mit Tagebuch, Zeitschrift oder Journal übersetzt werden. Unsere Interpretation kommt dem Tagebuch am nähesten, da Du Dich auf täglicher Basis mit Dir selbst beschäftigst und damit ein bewussteres Leben führst. Du wirst Dich vielleicht fragen, warum wir uns in einer Welt der digitalen Möglichkeiten für ein Buch aus Papier entschieden haben, in das Du mit einem Stift schreibst? Nun, das war eine klare Sache, denn Studien[1,2] belegen, dass das Schreiben:

- ***Die Kreativität fördert***
- ***Uns auf eine Tätigkeit fokussieren lässt***
- ***Entschleunigt und wir dadurch zur Ruhe kommen***
- ***Uns zum bewussten Reflektieren bringt***
- ***Die Wahrscheinlichkeit erhöht, unsere Vorhaben umzusetzen***

Auf den nächsten Seiten haben wir Dir die verschiedenen Elemente der Journal-Seiten und ihren Zweck zusammengestellt. Du wirst überrascht sein, wie viel Kraft in ihnen steckt.

DANKBARKEIT

„ES IST NICHT DAS GLÜCK, DAS UNS DANKBAR MACHT. ES IST DIE DANKBARKEIT, DIE UNS GLÜCKLICH MACHT. „

- BROTHER DAVID STEINDL-RAST

Ist es nicht ein absolutes Privileg, dass wir in einem wohlhabenden Land leben und all die Vorzüge wie frische Lebensmittel, Trinkwasser, Technologie und Fortbewegungsmittel genießen dürfen? Neben materiellen Dingen hat jeder von uns auch eine Vielzahl von Beziehungen in seinem Leben, die wir oft als gegeben hinnehmen. Dennoch stagniert Deutschland laut dem fünften "World Happiness Report 2017", bei dem die Lebenszufriedenheit von über 100 Ländern gemessen wird, leider nur auf Platz 16.[3]
Dabei ist es so leicht ein zufriedenes Leben zu führen, wenn wir uns nur täglich ins Gedächtnis rufen, wie gut es uns geht und wie dankbar wir für bestimmte Dinge oder Personen in unserem Leben sein können. So können wir uns auch wieder mehr über Kleinigkeiten freuen und damit aufhören, uns zu beschweren. Wie eine Studie des Psychologie-Professors Robert Emmons gezeigt hat, hilft Dankbarkeit sogar dabei, unsere Gesundheit und sozialen Bindungen zu stärken, unsere Zufriedenheit zu steigern, aber auch optimistischer zu sein.[4]

POSITIVE SELBSTBEKRÄFTIGUNG

„EINE SELBSTBEKRÄFTIGUNG IST WIRKLICH ALLES, WAS DU SAGST ODER DENKST. WIR MÜSSEN UNSER DENKEN UND SPRECHEN IN POSITIVE MUSTER UMSCHULEN, WENN WIR UNSER LEBEN VERÄNDERN WOLLEN."

- LOUISE L. HAY

Eine positive Selbstbekräftigung kann auch als Bejahung oder Glaubenssatz beschrieben werden. Aufbauend auf der zu Anfang beschriebenen Willenskraft, mit der Du alles erreichen kannst, können selbstbekräftigende Sätze, die wir uns immer wieder sagen, unseren Verstand langfristig umprogrammieren und uns dadurch motivieren. Denn wer seine Gedanken durch Selbstbekräftigungen dauerhaft verändert, der ändert mit der Zeit auch sein Verhalten und seine Emotionen.[5] Die positive Selbstbekräftigung sollte sich nach Deinen wichtigsten Zielen richten, sodass Du Dich selbst darin bestärkst, diese auch erreichen zu können. So schreiben wir uns beispielsweise jeden Morgen auf, dass wir unser wichtigstes Business-Ziel erreichen werden (das Ziel formulieren wir an dieser Stelle konkret aus).

PRIORITÄT DES TAGES

„DIE DINGE, DIE AM WICHTIGSTEN SIND, SCHREIEN NICHT IMMER AM LAUTESTEN."

– BOB HAWK

Lange Zeit war es erstrebenswert als „Multitasker" zu gelten. Doch wie Studien zeigen, sind wir keineswegs dazu in der Lage, mehrere komplexe Tätigkeiten gleichzeitig auszuführen.[6] Um bestmögliche Ergebnisse zu erreichen, darfst Du Deinen Fokus also immer auf eine bestimmte Aufgabe lenken. Daher rät Gary Keller, amerikanischer Unternehmer und Autor des Buches „The One Thing", sich beim Setzen seiner Prioritäten eine simple Frage zu stellen: Was ist die eine Sache, die ich tun könnte, damit alles andere einfacher oder überflüssig werden würde? Als zusätzliche Entscheidungshilfe kannst Du Dich noch fragen: Wenn ich heute nur eine Sache erledigen könnte, was wäre das? Diese eine Sache sollte dann Vorrang vor allem anderen haben und ohne Ablenkungen mit vollem Fokus erledigt werden. Die Priorität des Tages kann entweder ein berufliches, oder ein privates To-do sein.

DENKANSTOSS

**„SEHR WENIG IST NÖTIG, UM EIN GLÜCKLICHES
LEBEN ZU FÜHREN;
ES IST ALLES IN DIR SELBST, IN DEINER ART ZU DENKEN."**

– MARCUS AURELIUS

Neben den positiven Selbstbekräftigungen ist es uns wichtig, Dich zusätzlich mit Impulsen zu versorgen, die zu den jeweiligen Levels passen und Dich motivieren. Sie sollen Dir außerdem helfen, neue Denkmuster aufzubauen, mit denen Du nach und nach Deinen Horizont erweitern kannst. Dafür haben wir täglich einen Denkanstoß auf der Morgenseite integriert, der ein motivierendes Zitat oder eine anregende Frage beinhaltet. Die Zitate darfst Du einfach auf Dich wirken lassen und die Fragen solltest Du stets schriftlich in der dafür vorgesehenen Box beantworten.

REFLEKTION

„WIR LERNEN NICHT AUS ERFAHRUNG, WIR LERNEN AUS DEM REFLEKTIEREN ÜBER ERFAHRUNG.“

– JOHN DEWEY

Jeder Tag bietet neue Möglichkeiten zu lernen und zu wachsen und sollte so bewusst wie möglich gelebt werden. Das bedeutet auch, sich fortlaufend mit Erfolgen und Erkenntnissen zu beschäftigen - sprich eine differenzierte Selbstbeobachtung einzunehmen. Nur so können wir uns selbst besser verstehen und es vermeiden, die gleichen Fehler zum wiederholten Male zu begehen. Wir lernen mehr über unsere Stärken und Schwächen und können unser Handeln optimieren. Es hilft uns auch dabei, zu erkennen, wer oder was uns gut tut (oder auch nicht), wodurch wir unsere Stellschrauben Stück für Stück so anpassen können, dass wir einen erfüllteren Lebensstil entwickeln. Nimm Dir am Ende des Tages also gerne Zeit, um alle Ereignisse des Tages noch einmal in Ruhe Revue passieren zu lassen und sie zu bewerten. Dies kannst Du anhand der dafür vorgesehenen Felder “Erfolge des Tages”, “Erkenntnisse des Tages” und “Das mache ich morgen besser” tun. Die Routine des Reflektierens sorgt für kontinuierliche Verbesserung.[7]

DARAUF FREUE ICH MICH MORGEN

„LASST UNS JETZT UNSERE ZUKUNFT GESTALTEN UND LASST UNSERE TRÄUME DIE WIRKLICHKEIT VON MORGEN WERDEN.“

– MALALA YOUSAFZAI

Kommt Dir dieses Szenario bekannt vor? Du hattest einen anstrengenden Tag, es ist mal wieder etwas später geworden und es wäre jetzt allerhöchste Zeit schlafen zu gehen, damit Du morgen zumindest einigermaßen fit bist. Doch dann setzt der Verstand ein und hat Lust noch ein wenig über den Tag zu grübeln und möchte obendrein auch noch den Folgetag durchplanen. Wie können wir dem entgegenwirken? Wie Du bereits weißt, kannst Du Deinen Verstand mit einer Reflektion dazu bringen, weniger zu grübeln, da Du die Ereignisse des Tages dadurch bereits verarbeitet hast. Nun fehlt also noch der Folgetag, um ihm auch dafür seine Bedenken nehmen zu können. Hierbei ist es wichtig, sich auf die Ereignisse zu konzentrieren, auf die Du Dich freust und nicht auf diejenigen, welche Dir Sorgen bereiten. Du möchtest Deinem Verstand schließlich keine Vorlage zum Grübeln geben. So kannst Du beruhigt und in voller Vorfreude auf den nächsten Tag einschlafen.

„WIR SIND, WAS WIR WIEDERHOLT TUN. **EXZELLENZ IST DAHER KEIN AKT, SONDERN EINE GEWOHNHEIT.“**

- ARISTOTELES

MORGEN- UND ABENDROUTINE

Da Morgen- und Abendroutinen ein wichtiger Bestandteil unseres Konzeptes sind, haben sie auch ihren eigenen Platz auf unseren Journal-Seiten erhalten. So kannst Du protokollieren, wie gut Du Deine Routinen einhältst. Ab Woche 2 wirst Du Dir daher täglich Deine Aufsteh- und Schlafenszeit auf den Journal-Seiten notieren, um einen bestmöglichen Schlafrhythmus zu etablieren.
Dieser wird Dir dabei helfen, Deine Routinen mit höherer Wahrscheinlichkeit einzuhalten und Deine Schlafqualität zu verbessern. Ab der dritten Woche darfst Du Dir dann Deine individuelle Morgen- und Abendroutine erstellen und auf den Journal-Seiten abhaken, ob Du sie ausgeführt hast.

DU WILLST NOCH MEHR ÜBER JOURNALING ERFAHREN?

Dann hör Dir doch unsere Podcast Folge dazu an: HH11 - mit Journaling ein bewussteres Leben führen

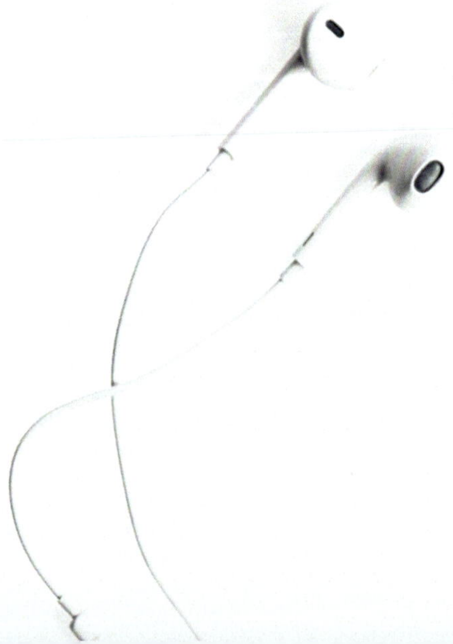

WOCHENABSCHLUSS

Erinnerst Du Dich noch, dass wir zu Beginn davon gesprochen haben, dass Du stetig an Deinem Blick auf das große Ganze arbeiten darfst? Genau das geschieht im Rahmen Deines Wochenabschlusses. So wie Du bei Deiner täglichen Reflektion filterst, was Deine größten Erfolge und Erkenntnisse waren, funktioniert es auch bei Deiner wöchentlichen Reflektion. Das wird Dir dabei helfen zu erkennen, was Dir am besten in Erinnerung geblieben ist und damit die größte Bedeutung für Dich hat. Dadurch kannst Du in der Folgewoche bessere Entscheidungen treffen und die richtigen Prioritäten setzen. Außerdem erhältst Du im Rahmen des Wochenabschlusses auch noch die Möglichkeit zu reflektieren, wie gut Du Deine wöchentlichen Challenges gemeistert hast.
Ergänzend zur wöchentlichen Reflektion gibt es zudem noch einen Ausblick auf die Folgewoche, um auch hier einen Makro-Blick auf die wichtigsten Ereignisse zu werfen. Das wird Dir dabei helfen, Dich besser zu strukturieren und Du wirst rechtzeitig erkennen, welche Ereignisse oder Termine besonders wichtig sind.

JOURNALING-CHALLENGE

Führe die kommenden 10 Wochen durchgehend ein Journal, indem du täglich die dafür vorgesehenen Morgen- und Abendseiten sowie einmal wöchentlich den Wochenabschluss ausfüllst.

DEINE
MORGEN-SEITE

DANKBARKEIT

Wofür bist Du dankbar? Das können beispielsweise Beziehungen zu Freunden, Familie, Kollegen, materielle Dinge, Gefühle oder Erlebnisse sein.

POSITIVE SELBSTBEKRÄFTIGUNG

Positive Glaubenssätze, die auf Deine Ziele ausgerichtet sind und die Du täglich wiederholst, damit Dein Unterbewusstsein auf Erfolg programmiert wird

PRIORITÄT DES TAGES

Die eine berufliche oder private Aufgabe, die Dich langfristig voranbringt und damit Dein wichtigstes To-do des Tages darstellt.

DENKANSTOSS

An dieser Stelle erhältst Du ein Zitat, das Dich inspiriert und motiviert, oder eine tiefgehende Frage, die zum Nachdenken anregt..

MORGENROUTINE

Aufstehzeit: Die Zeit, zu der Du aus dem Bett gestiegen bist (ab Level 2).
Routine: Hake ab, ob Du Deine Morgenroutine durchgeführt hast (ab Level 3)

MORGEN

25 . 09 . 2018

M (D) M D F S S

DANKBARKEIT

Die frische Luft am Morgen

Meine tolle Familie

Ein warmes Bett

POSITIVE SELBSTBEKRÄFTIGUNG

Ich kann alles erreichen

Ich bin gelassen und entspannt

PRIORITÄT DES TAGES

neue Kundenpräsentation erstellen

DENKANSTOSS

Was ist das Wertvollste in Deinem Leben?

Meine Gesundheit

MORGENROUTINE

Aufstehzeit: 06:30

Routine: ✓

DEINE
ABEND-SEITE

ERFOLGE DES TAGES

Welche Dinge sind heute so richtig gut gelaufen und haben Dich mit Stolz erfüllt oder Dich glücklich gemacht?

ERKENNTNISSE DES TAGES

Was ist heute passiert, von dem Du etwas lernen kannst?

DAS MACHE ICH MORGEN BESSER

Eine Sache, die Du am Folgetag unbedingt besser machen möchtest.

DARAUF FREUE ICH MICH MORGEN

Auf welche Dinge freust Du Dich am morgigen Tag am meisten?

ABENDROUTINE

Schlafenszeit: Die Zeit, zu der Du ins Bett gegangen bist (ab Level 2).
Routine: Hake ab, ob Du Deine Abendroutine durchgeführt hast (ab Level 3)

ABEND

ERFOLGE DES TAGES

Das Fahrrad anstelle der Bahn genommen
Heute Abend 15 Minuten gelesen
Die neue Kundenpräsentation ist fertig

ERKENNTNISSE DES TAGES

10 Minuten mehr für meine Morgenroutine einplanen
Ich habe mir zu viele Aufgaben vorgenommen
Offene Kommunikation löst viele Probleme

DAS MACHE ICH MORGEN BESSER

Ich nehme mir nur so viele Aufgaben vor, wie ich schaffen kann.

DARAUF FREUE ICH MICH MORGEN

Joggen mit meinem besten Freund

ABENDROUTINE

Schlafenszeit

23:00

Routine

✓

DEIN WÖCHENTLICHE **REFLEKTION**

TOP 3 **ERFOLGE**

Welche Dinge sind in dieser Woche am besten gelaufen und haben Dich mit Stolz erfüllt oder Dich besonders glücklich gemacht?

TOP 3 **ERKENNTNISSE**

Was ist diese Woche passiert, von dem Du am meisten lernen kannst?

DAS MACHE ICH **NÄCHSTE WOCHE BESSER**

Eine Sache, die Du in der nächsten Woche unbedingt besser machen möchtest.

REFLEKTION DER **CHALLENGES**

An dieser Stelle reflektierst Du, wie gut oder schlecht Deine beiden wöchentlichen Challenges gelaufen sind.

PUNKTZAHL

Jede abgeschlossene Challenge gibt einen Punkt. Trage hier ein, wie viele Punkte Du erreicht hast.

WOCHENAUSBLICK

Notiere die wichtigsten Ereignisse der Folgewoche, Du die auf keinen Fall vergessen darfst.

WOCHEN ABSCHLUSS

TOP 3 ERFOLGE

Kein einziges Mal die Schlummertaste gedrückt

2 Mal zum Sport gegangen

Mehr Verantwortung im Projekt erhalten

TOP 3 ERKENNTNISSE

Nicht zu viel auf einmal vornehmen

Ich kann es nicht allen recht machen

Ich lasse mich zu oft von meinem Smartphone ablenken

DAS MACHE ICH NÄCHSTE WOCHE BESSER

Ich möchte mindestens zwei mal frisch kochen.

REFLEKTION DER CHALLENGES

CHALLENGE 1 Meine optimale Aufstehzeit ist 06:45 Uhr, dafür sollte ich spätestens um 23:00 zu Bett gehen.

CHALLENGE 2 Ich möchte mehr Zeit mit den Menschen verbringen, die mir gut tun.

PUNKTZAHL 2 / **2**

MORGEN

__ . __ . ____

M D M D F S S

DANKBARKEIT

____

____

____

POSITIVE SELBSTBEKRÄFTIGUNG

____

____

____

PRIORITÄT DES TAGES

____

DENKANSTOSS

„Worte sind Bilder unserer Gedanken.“ - John Dryden

MORGENROUTINE

Aufstehzeit

Routine

ABEND

ERFOLGE DES TAGES

ERKENNTNISSE DES TAGES

DAS MACHE ICH MORGEN BESSER

DARAUF FREUE ICH MICH MORGEN

ABENDROUTINE

Schlafenszeit

Routine

MORGEN

—.—.——
M D M D F S S

DANKBARKEIT

____

____

____

POSITIVE SELBSTBEKRÄFTIGUNG

____

____

____

PRIORITÄT DES TAGES

____

DENKANSTOSS

Beschreibe Dich in 3 Worten!

MORGENROUTINE

Aufstehzeit

Routine

ABEND

ERFOLGE DES TAGES

ERKENNTNISSE DES TAGES

DAS MACHE ICH MORGEN BESSER

DARAUF FREUE ICH MICH MORGEN

ABENDROUTINE

Schlafenszeit

Routine

MENTALE STÄRKE: **VISION-BOARD**

Wir hoffen, dass Du aus den Fragen zu Deinem Sinn des Lebens, Deinem Vermächtnis sowie Deiner Zufriedenheit bereits einiges an Motivation und Lebensenergie schöpfen konntest. Dieses Kapitel wird vermutlich auch einige Wünsche und Ziele in Dir hervorgerufen haben. Passend dazu kannst Du Dir als Anregung für Deine Zielsetzungen die folgenden Fragen stellen:

- ***Was möchte ich in den kommenden 12 Monaten noch alles erreichen?***
- ***Durch welche Subziele kann ich die Grundlage dafür schaffen, meine langfristigen Ziele besser zu erreichen?***
- ***Welche Fähigkeiten möchte ich noch ausbauen oder erlernen?***
- ***Welche Länder möchte ich noch bereisen?***
- ***Welche finanziellen Ziele habe ich?***
- ***Zu welchen Themen möchte ich mir noch tieferes Wissen aneignen?***
- ***Inwiefern möchte ich mich in den Bereichen Produktivität, Vitalität und mentale Stärke verbessern?***

Nun lautet die Frage, was Du tun kannst, um deinen Visionen ein Stück näher zu kommen und Dein Unterbewusstsein auf sie zu programmieren. Ist doch klar! Ein Vision-Board entwickeln, das Dir auf einen Blick zeigt, was Deine wichtigsten Ziele bzw. Teilziele sind, um diese Visionen Wirklichkeit werden zu lassen.

Du darfst Dir das Vision-Board als physische Bildersammlung vorstellen, die Du ausgedruckt oder mit Fotos auf einer Pinnwand, einem Whiteboard, einem Karton oder einfach direkt an der Wand anbringst. Wie groß das Vision-Board werden soll, ist dabei Dir überlassen.

Die Ziele auf dem Vision-Board solltest Du idealerweise anhand der SMART-Methode entwickeln.[8] Das bedeutet, dass Deine Ziele wie folgt definiert sind bzw. die folgenden Kriterien aufweisen:

- **S: spezifisch**
- **M: messbar**
- **A: aktionsorientiert**
- **R: realistisch**
- **T: terminiert**

Gerne untermauern wir dies noch mit einem Beispiel. Wir, die Healthy Hustlers, möchten in den kommenden 12 Monaten (terminiert) 100 Podcast Episoden (spezifisch) veröffentlichen. Dafür müssten wir ca. 2 Episoden die Woche (messbar, realistisch und aktionsorientiert) produzieren.

VISION-BOARD-CHALLENGE

Definiere Ziele, die Du in den kommenden 12 Monaten erreichen möchtest. Für jedes Ziel suchst Du Dir ein passendes Bild, welches auf Deinem persönlichen Vision-Board landet. Unser Vision-Board ist beispielsweise eine große Pinnwand mit Fotos, die unsere Ziele widerspiegeln.

SASCHA BOAMPONG

UNTERNEHMER UND PODCASTER

DIGITALE NOMADEN PODCAST

„DU BIST GENUG UND HAST ALLES IN DIR, UM DEINE ZIELE ZU ERREICHEN."

Die bisherigen Stationen in meinem Leben – Ausbildung zum Fachinformatiker, Rettungsassistent, Psychologiestudium, Rettungsleitstelle – hatten eine Sache gemeinsam: Irgendwie habe ich gefühlt, dass sie nicht zu mir und meinem Leben gepasst haben und das ich mehr will. Deshalb habe ich angefangen, mich mit Persönlichkeitsentwicklung und digitalem Nomadentum zu beschäftigen und dabei meinen heutigen Geschäftspartner Timo Eckhardt kennengelernt.

Nach einem Youtube-Experiment haben wir zusammen den Digitale Nomaden Podcast gestartet, der mit über 2 Mio. Episoden-Downloads sehr erfolgreich ist. Außerdem veranstalten wir Reisen, Events und kreieren Produkte, um Menschen zu inspirieren, auch ihr eigenes Ding zu machen und ihr Traumleben zu erschaffen.In unserer Arbeit treffen wir immer wieder Menschen, die sich von limitierenden Glaubenssätzen und Ängsten zurückhalten lassen. Diese führen dazu, dass sie sich nicht trauen, den ersten Schritt hin zu ihren großen Zielen und Träumen zu gehen. Davor sind aber auch erfahrene Unternehmer nicht gefeit. Mit der Angst vor Ablehnung oder Angst zu Verkaufen haben viele zu kämpfen. Deshalb ist es so wichtig, limitierende Glaubenssätze zu erkennen sowie aufzulösen und Ängste zu überwinden, damit uns nichts davon abhält, unsere Ziele zu erreichen.

Limitierende Glaubenssätze

- *Sind durch unser Umfeld konditionierte Überzeugungen, die wir von uns oder der Welt haben (z.B. „ich bin nicht genug“, „ich habe es nicht verdient“ oder „mir fehlen die notwendigen Fähigkeiten“).*
- *Um sie aufzulösen darfst Du Dir im ersten Schritt erstmal bewusst werden, welche Glaubenssätze Du hast.*
- *Im zweiten Schritt darfst Du Dich von ihnen lösen, Dich dissoziieren. Du bist nicht Deine Gedanken! Das klappt mit bewusster Achtsamkeit durch Meditation, Sport oder Spaziergängen.*

Angst

- *Ist das Problem Nr. 1 wenn es um Zielerreichung geht.*
- *Die Entstehung der Angst geht zurück zu Urzeiten, in denen Menschen um ihr Überleben kämpfen mussten und Angst sie geschützt hat.*
- *Heutzutage machen diese Urängste in der westlichen Welt rational gesehen keinen Sinn mehr – und doch sind sie weit verbreitet.*
- *Die Konfrontation hilft, unser Ängste zu besiegen. So kannst Du Dich, um Deine Angst vor Ablehnung zu besiegen, bewusst in ablehnende Situationen begeben.*
- *Je häufiger Du das tust, desto mehr speichert Dein Unterbewusstsein ab, dass Dir nichts passiert.*
- *Ängste offen ansprechen. Wenn Du Dich authentisch und verletzlich zeigst, kannst Du nicht mehr verletzt werden.*
- *Die Komfort-Zone zu verlassen und Erfahrungen zu machen ist der beste Weg, um Ängste erfolgreich zu überwinden.*

Zielerreichung

- *Finde Dein „Warum“. Warum willst Du ein Ziel erreichen? Ein starkes Warum ist nicht der Wunsch viel Geld zu verdienen, sondern geht tiefer.*
- *Ziele am besten SMART formulieren: spezifisch, messbar, aktionsorientiert, realistisch und terminiert.*
- *Setze Dir Deadlines. Eine Aufgabe dehnt sich mit der ihr zur Verfügung stehenden Zeit aus (Parkinsonsches Gesetz). Du brauchst den Zeitdruck.*
- *Definiere Mikro-Steps schriftlich: Was ist die konkrete Sache, die Du jetzt, in einer Stunde oder den nächsten 72 Stunden erledigen kannst.*
- *Nutze positiven sozialen Druck. Bitte Freunde oder Kollegen, sich Deine Deadline im Kalender zu notieren und Dich daran zu erinnern.*

MORGEN

__.__.____

M D M D F S S

DANKBARKEIT

POSITIVE SELBSTBEKRÄFTIGUNG

PRIORITÄT DES TAGES

DENKANSTOSS

„Ich schreibe, um mir Kraft zu geben. Ich schreibe, um die Charaktere zu sein, die ich nicht bin. Ich schreibe, um all die Dinge zu erforschen, vor denen ich Angst habe.“ - Joss Whedon

MORGENROUTINE

Aufstehzeit

Routine

ABEND

ERFOLGE DES TAGES

ERKENNTNISSE DES TAGES

DAS MACHE ICH MORGEN BESSER

DARAUF FREUE ICH MICH MORGEN

ABENDROUTINE

Schlafenszeit *Routine*

MORGEN

__ . __ . ____

M D M D F S S

DANKBARKEIT

____

____

____

POSITIVE SELBSTBEKRÄFTIGUNG

____

____

____

PRIORITÄT DES TAGES

____

DENKANSTOSS

„Ideen können von überall und zu jeder Zeit kommen. Das Problem mit mentalen Notizen ist, dass die Tinte sehr schnell verblasst.“ - Rolf Smith

MORGENROUTINE

Aufstehzeit

Routine

ABEND

ERFOLGE DES TAGES

ERKENNTNISSE DES TAGES

DAS MACHE ICH MORGEN BESSER

DARAUF FREUE ICH MICH MORGEN

ABENDROUTINE

Schlafenszeit

Routine

MORGEN

—.—.——

M D M D F S S

DANKBARKEIT

POSITIVE SELBSTBEKRÄFTIGUNG

PRIORITÄT DES TAGES

DENKANSTOSS

Welchen Rat würdest Du Deinem 5 Jahre jüngerem Ich geben?

MORGENROUTINE

Aufstehzeit

Routine

ABEND

ERFOLGE DES TAGES

ERKENNTNISSE DES TAGES

DAS MACHE ICH MORGEN BESSER

DARAUF FREUE ICH MICH MORGEN

ABENDROUTINE

Schlafenszeit

Routine

MORGEN

—.—.——

M D M D F S S

DANKBARKEIT

POSITIVE SELBSTBEKRÄFTIGUNG

PRIORITÄT DES TAGES

DENKANSTOSS

„Vision ohne Aktion ist nur ein Traum.
Aktion ohne Vision lässt nur die Zeit vergehen. Vision mit Aktion kann die Welt verändern." - Joel A. Barker

MORGENROUTINE

Aufstehzeit

Routine

ABEND

ERFOLGE DES TAGES

ERKENNTNISSE DES TAGES

DAS MACHE ICH MORGEN BESSER

DARAUF FREUE ICH MICH MORGEN

ABENDROUTINE

Schlafenszeit

Routine

MORGEN

__.__.____

M D M D F S S

DANKBARKEIT

POSITIVE SELBSTBEKRÄFTIGUNG

PRIORITÄT DES TAGES

DENKANSTOSS

„Ein persönliches Tagebuch ist ein ideales Umfeld, um „zu werden“. Es ist ein perfekter Ort zum Nachdenken, Fühlen, Entdecken, Erweitern, Erinnern und Träumen.“ - Brad Wilcox

MORGENROUTINE

Aufstehzeit

Routine

ABEND

ERFOLGE DES TAGES

ERKENNTNISSE DES TAGES

DAS MACHE ICH MORGEN BESSER

DARAUF FREUE ICH MICH MORGEN

ABENDROUTINE

Schlafenszeit

Routine

WOCHEN **ABSCHLUSS**

TOP 3 **ERFOLGE**

___

___

___

TOP 3 **ERKENNTNISSE**

___

___

___

DAS MACHE ICH **NÄCHSTE WOCHE BESSER**

___

___

REFLEKTION DER **CHALLENGES**

JOURNALING ___

___

___

VISION-BOARD ___

___

___

PUNKTZAHL **/ 2**

WOCHEN **AUSBLICK**

MO

DI

MI

DO

FR

SA

SO

LEVEL 2

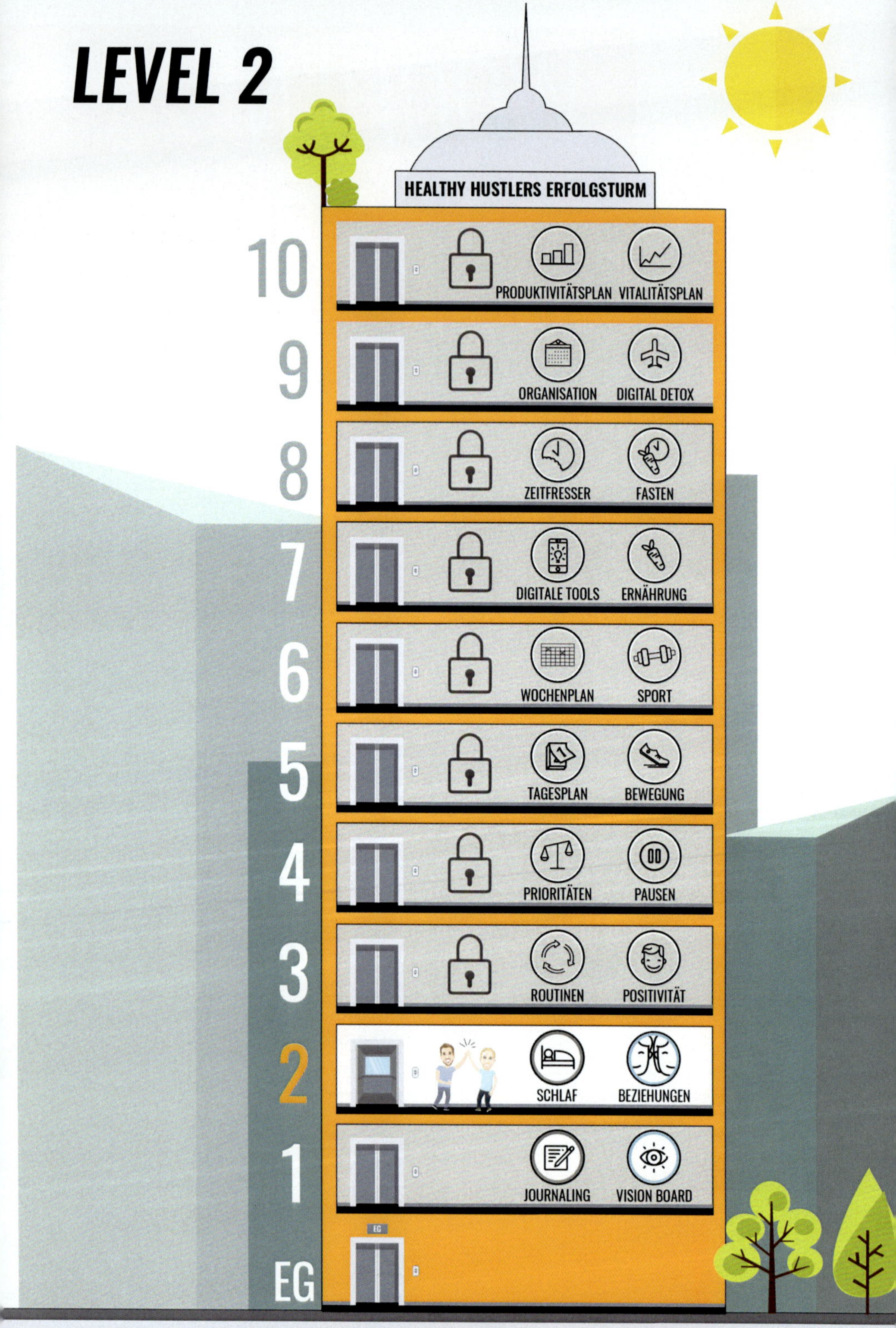
HEALTHY HUSTLERS ERFOLGSTURM
10
PRODUKTIVITÄTSPLAN
VITALITÄTSPLAN
9
ORGANISATION
DIGITAL DETOX
8
ZEITFRESSER
FASTEN
7
DIGITALE TOOLS
ERNÄHRUNG
6
WOCHENPLAN
SPORT
5
TAGESPLAN
BEWEGUNG
4
PRIORITÄTEN
PAUSEN
3
ROUTINEN
POSITIVITÄT
2
SCHLAF
BEZIEHUNGEN
1
JOURNALING
VISION BOARD
EG

SCHLAF

Unser Schlaf nimmt ca. ein Drittel unserer Lebenszeit ein und lässt sich nach wissenschaftlichen Erkenntnissen in drei Phasen unterteilen: Leichtschlaf, Tiefschlaf und REM (Rapid Eye Movement, zu deutsch "schnelle Augenbewegungen"). Jede dieser Phasen dauert in etwa 90 Minuten. Während der Tiefschlaf die Aufgabe der körperlichen Regeneration übernimmt, ist der REM-Schlaf für die psychische Erholung zuständig.[1] Und obwohl Schlaf so wichtig ist, schenken wir ihm oft nicht die nötige Aufmerksamkeit. Denn wie eine Studie der Techniker Krankenkasse belegt, schaffen es 24 Prozent der erwachsenen Deutschen nicht, die empfohlene Mindestdauer von 6 Stunden Schlaf einzuhalten.[2] Die größte Studie zum Thema "Optimale Schlafdauer", die über einen Zeitraum von 6 Jahren mit mehr als einer Million Teilnehmern durchgeführt wurde, ergab sogar, dass jeder Mensch versuchen sollte, zwischen 7 und 8 Stunden Schlaf zu erhalten. Denn weniger als 7 Stunden wirken sich bereits negativ auf unsere kognitiven Fähigkeiten aus.[3] Auch wenn das Gebiet der Schlafforschung ver gleichsweise jung ist, gibt es bereits genug Erkenntnisse, die uns dazu bewegen sollten, unsere Schlafdauer sehr ernst zu nehmen. So wird wach sein als kataboler Zustand beschrieben, der uns und unseren Körper nach und nach abbaut. Schlaf hingegen ist der anabole Zustand, der uns aufbaut, indem er das Wachstum und die Verjüngung des Immun-, Knochen- und Muskelsystems stärkt. Damit verbessert hochwertiger Schlaf unseren Stoffwechsel und die physische Energie, balanciert den Hormonhaushalt und erhöht die Funktionalität des Gehirns. Somit ist es nicht verwunderlich, dass unsere Lebensqualität maßgeblich von unserer Schlafqualität beeinflusst wird.[4]

Wie stark Schlafmangel unsere Leistungsfähigkeit beeinträchtigen kann, zeigen die folgenden Symptome, die damit einhergehen: Konzentrationsschwierigkeiten, Kopfschmerzen, erhöhte Reizbarkeit, Gewichtszunahme, schlechte Laune, Antriebslosigkeit, Überforderung, aber auch Bluthochdruck. Darauf können wir gerne verzichten! Studien der American Academy of Sleep Medicine zeigen, dass die Auswirkungen von schlechter Schlafqualität auf die akademische Leistung von Studenten gleich schwer wiegt wie Marihuana- oder Alkoholkonsum.[5] Das wird sich auf unsere allgemeine Leistungsfähigkeit also nicht anders auswirken. Wir sollten also nicht unseren Schlaf opfern, weil wir denken, dass wir dann mehr Dinge erledigen können.

Wie Du Deine Schlafqualität verbesserst

Um Dich dabei zu unterstützen ausreichend Schlaf zu bekommen, haben wir Dir eine Checkliste von wichtigen Punkten zusammengestellt, die es zu beachten gilt.

- Zimmertemperatur zwischen 16-18 Grad → Temperaturen darüber oder darunter beeinträchtigen unser Wohlbefinden, da Wärmeregulierung Kraft kostet
- Zur gleichen Zeit ins Bett gehen, 7-8 Stunden Schlaf einplanen → kalibriert die innere Uhr und vermeidet somit, dass es zu Ein- oder Durchschlafstörungen kommt
- Journaling → reflektieren und den Kopf frei bekommen
- Keine Technik →vor allem Smartphones am besten außerhalb des Zimmers liegen lassen
- Helles Licht vermeiden → verhindert die Ausschüttung des Schlafhormons Melatonin

Wie Du morgens garantiert aus dem Bett und in die Gänge kommst

Auch hier gibt es wieder unsere Checkliste, aber dieses Mal mit Tipps, wie Du leichter aus dem Bett kommst:

- Wie schon am Abend ist die regelmäßige Aufstehzeit enorm wichtig für Deine innere Uhr
- Deinen Wecker solltest Du weit von Dir wegstellen, sodass Du auf jeden Fall ein paar Schritte laufen musst, um ihn auszuschalten
- Er ist so laut, dass Du ihn nicht überhören kannst
- Am besten direkt ein Glas Wasser trinken, da Du über die Nacht dehydrierst und Du damit direkt wacher wirst
- Danach die Fenster bzw. Vorhänge aufmachen und Licht reinlassen sowie lüften
- Sofort raus aus dem Zimmer und ab in die Morgenroutine (mehr dazu in Level 3)

SCHLAF-CHALLENGE

Sofern Du noch keine festen Schlaf- und Aufstehzeiten etabliert hast, werden die ersten Tage mit Sicherheit hart und eine krasse Umgewöhnung. Falls Du schon zur selben Zeit ins Bett gehst und auch morgens keine Probleme mit dem Aufstehen hast, umso besser.

- **Markiere jetzt die für Dich relevanten Punkte aus den beiden Checklisten.**
- **Fange noch HEUTE Abend an, diese Punkte umzusetzen.**
- **Selbiges gilt für morgen früh.**
- **In den kommenden Wochen liegt der Fokus darauf, diese neuen Schlaf- und Aufstehgewohnheiten zu etablieren und zu festigen.**
- **Auf den Journal-Seiten kannst Du täglich festhalten, zu welchen Uhrzeiten Du aufgestanden bzw. ins Bett gegangen bist.**
- **Dranbleiben, es wird sich lohnen!**

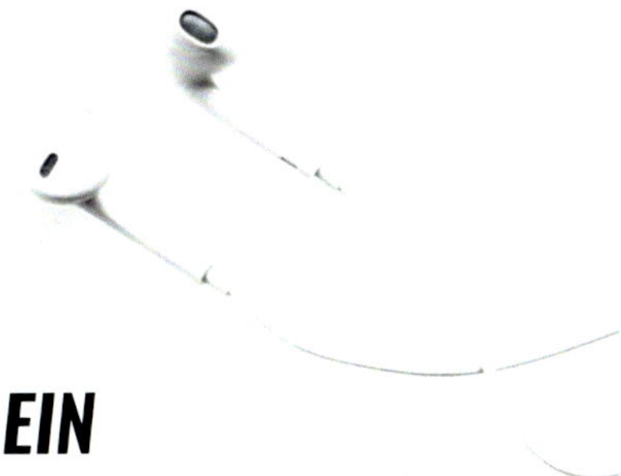

DU BIST EIN SCHLAF-HACK JUNKIE?

Dann hör dir doch diese Podcast Folge dazu an:

HH18 - Wie Du Deine Schlafqualität verbesserst

FABIAN FOELSCH

HIGH-PERFORMANCE UND BIOHACKING EXPERTE

BRAINEFFEECT

„FÜR NACHHALTIGE HIGH-PERFORMANCE BRAUCHST DU AUSREICHEND REGENERATIONS- UND ENTSPANNUNGSPHASEN."

Durch 10 Jahre im Leistungssport habe ich gelernt, wie wir durch Selbstoptimierung Einfluss auf unseren Körper, das Wohlbefinden und die Produktivität nehmen können. Nach meinem internationalen BWL-Studium habe ich jedoch genau diese Selbstoptimierung bei meiner Tätigkeit als Unternehmensberater kurzzeitig vernachlässigt und dadurch erfahren, was extrem viel Arbeit in Kombination mit schlechter Ernährung und wenig Schlaf bewirken können. Die Erfahrungen aus beiden Welten sind in die Gründung meines Unternehmens BRAINEFFECT eingeflossen, das Mental Performance Food herstellt. Durch unsere Produkte helfen wir Menschen dabei, ihre Potenziale voll auszuschöpfen, damit sie auf eine gesunde Art und Weise ihre Ziele erreichen. Mit dieser Mission möchten wir Europas größtes Performance Food Unternehmen werden.

Ich bin der Meinung, dass wir nur Dinge, die wir intern im Unternehmen leben, auch glaubhaft nach außen tragen können. Deshalb leben und arbeiten wir nach den Prinzipien der High-Performance-Gleichung. Unsere Mitarbeiter werden optimal in ihrer Produktivität unterstützt und bekommen den Freiraum und die Flexibilität für ausreichend Regeneration. So bekommt beispielsweise jeder Mitarbeiter bei uns Noise-Cancelling Kopfhörer für fokussiertes Arbeiten, Mittagspausen werden für Sport genutzt, Meetings gehend abgehalten und lange Wochenenden nach harter Arbeit sind vollkommen legitim. Weitere Elemente, wie Du Deine Performance im Arbeitsalltag förderst, habe ich Dir im folgenden Teil zusammengestellt.

Die High-Performance-Gleichung

- *Was im Spitzensport funktioniert, gilt auch für den Arbeitsalltag: Nachhaltige High-Performance gelingt nur, wenn auf maximalen Stress auch Regenerations- bzw. Erholungsphasen folgen.*
- *Für optimale mentale Leistungsfähigkeit ist es wichtig, Deine geistige Gesundheit zu pflegen und zu fördern. Achte also darauf, dass Du Deinem Gehirn punktuell immer wieder Auszeiten einräumst, in denen es keine neuen Informationen verarbeiten muss und abschalten kann.*

So förderst Du High-Performance im Arbeitsalltag

- *Richtige Ernährung steigert Deine Produktivität. Achte auf gesunde, natürliche und hochwertige Lebensmittel und meide Zucker.*
- *Hochwertiger Schlaf ist einer der wichtigsten Hebel, um Deine Gesundheit und damit Leistungsfähigkeit auf einem hohen Niveau zu halten.*
- *Eine kalte Dusche macht Dich wach, trainiert Dich im Umgang mit Stress und lässt Dich optimal in den Tag starten.*
- *Nutze Deine morgendliche Entscheidungskapazität für die wichtigste Aufgabe des Tages, die Dich so richtig weit voranbringt.*
- *Gehe sparsam mit Entscheidungen um. Denn jede Entscheidung kostet Energie. Versuche also möglichst viele Routinen in Deinen Tagesablauf zu integrieren.*
- *Arbeite in thematischen Blöcken, denn Multitasking funktioniert nicht. Bündle z.B. strategische Arbeit, Nachrichten oder Brainstormings.*
- *Nimm Dir regelmäßig Pausen. Am besten in Bewegung, weil Dein Gehirn dann besser durchblutet wird. Pausen sind auch ideal für Problemlösungen, da Dein Unterbewusstsein in Ruhe verarbeiten kann.*
- *Gönne Dir abendlichen Ausgleich zur Arbeit. Das kann ein entspanntes Treffen mit Freunden sein, Sport, Meditation oder auch Atemübungen.*

MORGEN

_ . _ . ____
M D M D F S S

DANKBARKEIT

____
____
____

POSITIVE SELBSTBEKRÄFTIGUNG

____
____
____

PRIORITÄT DES TAGES

____

DENKANSTOSS

„Schlaf ist die beste Meditation." - Dalai Lama

MORGENROUTINE

Aufstehzeit

:

Routine

ABEND

ERFOLGE DES TAGES

ERKENNTNISSE DES TAGES

DAS MACHE ICH MORGEN BESSER

DARAUF FREUE ICH MICH MORGEN

ABENDROUTINE

Schlafenszeit

:

Routine

MORGEN

_ . _ . _

M D M D F S S

DANKBARKEIT

POSITIVE SELBSTBEKRÄFTIGUNG

PRIORITÄT DES TAGES

DENKANSTOSS

Durch welches Ritual kannst Du bestmöglich einschlafen?

MORGENROUTINE

Aufstehzeit

:

Routine

ABEND

ERFOLGE DES TAGES

ERKENNTNISSE DES TAGES

DAS MACHE ICH MORGEN BESSER

DARAUF FREUE ICH MICH MORGEN

ABENDROUTINE

Schlafenszeit

:

Routine

MENTALE STÄRKE: **BEZIEHUNGEN**

Du denkst Dir vielleicht, was denn das Thema Beziehungen mit Erfolg zu tun hat und warum wir daraus eine Challenge zur mentalen Stärke machen. Na dann pass mal auf. Die Harvard Study of Adult Development, eine der umfangreichsten und längsten jemals durchgeführten Studien weltweit untersuchte über 80 Jahre, welche Faktoren zu einem langen und glücklichen Leben führen. Die überraschende Erkenntnis ist, dass Beziehungen und wie glücklich wir mit ihnen sind, einen enormen Einfluss auf unsere Gesundheit haben. "Auf unseren Körper zu achten ist wichtig, doch sich auch seinen Beziehungen zu widmen ist auch eine Form von Selbstpflege. Das, denke ich, ist die Offenbarung" sagt Robert Waldinger, der Leiter der Studie.[6]

Deine Beziehungen hängen also eng mit Deiner Vitalität und damit Deinem Energielevel zusammen. Wie viel Zeit verbringst Du denn mit Deinen Freunden und Deiner Familie? Wie regelmäßig rufst Du einen geliebten Menschen an? Bist Du immer für Deine Engsten da, wenn Sie Dich brauchen? Und hast Du ausschließlich Menschen in Deinem Leben, die Dich bestärken, Dich zu Höchstleistungen anspornen, Dir den perfekten Ausgleich geben?

Der amerikanische Unternehmer Emanuel James „Jim" Rohn hat den weit verbreiteten Satz geprägt: "Du bist der Durchschnitt der 5 Menschen, mit denen Du die meiste Zeit verbringst." Falls Du ihn zum ersten Mal liest, denke kurz darüber nach. Es ist ja irgendwie total logisch. Und doch haben auch wir darüber lange Zeit nicht bewusst nachgedacht. Freundeskreise entwickeln sich nun mal oft während der Schulzeit oder über das Berufsleben und wir hinterfragen nicht, ob die Menschen, die wir unsere engen Freunde nennen, wirklich zu uns passen. Sind das

Menschen, deren Lebenseinstellung, Werte und Verhalten mit dem übereinstimmt, was wir selbst leben? Es lohnt sich, auf unser Gefühl zu achten. Denn es sind Menschen, bei denen wir uns gut fühlen, die uns zum Lachen bringen, in deren Gegenwart wir uns energiegeladen und leicht fühlen, mit denen die Zeit wie im Flug vergeht.
Das Gegenteil sind Menschen, die uns Energie rauben - die Energievampire. Und zwar dauernd, immer und immer wieder. Die uns mit ihrer stets schlechten Laune und ihren Problemen runter ziehen. Die irgendwie immer nur von uns nehmen und nie geben. Die, nach deren Gegenwart wir uns total ausgelaugt und platt fühlen. Die, deren Anrufe oder WhatsApp-Nachrichten wir auch gerne mal ignorieren oder ein paar Tage aufschieben. Wenn Dir jetzt direkt ein Mensch in den Sinn kommt, dann weißt Du genau, wovon wir sprechen.

BEZIEHUNGS-CHALLENGE

Reflektiere, welche Menschen aus Deinem Umfeld in die Kategorie "Energievampir" fallen. Sofern Du einen Energievampir identifiziert hast, beschließt Du, dass Du ihm keine Aufmerksamkeit mehr schenkst.

- ***Wenn der Energievampir ein Freund ist, den Du sowieso kaum noch siehst, dann melde Dich von Dir aus nicht mehr.***
- ***Falls er ein Freund ist, den Du öfter siehst, darfst Du ihm wertschätzend klar machen, dass Ihr Euch auseinandergelebt habt und Du deshalb die Freundschaft beendest.***
- ***Wenn er ein Kollege ist, dem Du nicht ausweichen kannst, gestaltet es sich schwieriger. Da hilft nur offene Kommunikation über das, was Dich stört.***

Rufe als positiven Ausgleich dazu einen Menschen an, der Dir besonders viel bedeutet und der sich über Deinen Anruf besonders freuen wird.

MORGEN

__.__.____

M D M D F S S

DANKBARKEIT

POSITIVE SELBSTBEKRÄFTIGUNG

PRIORITÄT DES TAGES

DENKANSTOSS

Wer sind neben Deiner Familie die wichtigsten Menschen in Deinem Leben?

MORGENROUTINE

Aufstehzeit

:

Routine

ABEND

ERFOLGE DES TAGES

ERKENNTNISSE DES TAGES

DAS MACHE ICH MORGEN BESSER

DARAUF FREUE ICH MICH MORGEN

ABENDROUTINE

Schlafenszeit

:

Routine

MORGEN

—.—.——

M D M D F S S

DANKBARKEIT

POSITIVE SELBSTBEKRÄFTIGUNG

PRIORITÄT DES TAGES

DENKANSTOSS

„Ein zerzauster Geist macht ein unruhiges Kissen."
- Charlotte Bronte

MORGENROUTINE

Aufstehzeit

:

Routine

ABEND

ERFOLGE DES TAGES

ERKENNTNISSE DES TAGES

DAS MACHE ICH MORGEN BESSER

DARAUF FREUE ICH MICH MORGEN

ABENDROUTINE

Schlafenszeit

:

Routine

MORGEN

__ . __ . ____

M D M D F S S

DANKBARKEIT

POSITIVE SELBSTBEKRÄFTIGUNG

PRIORITÄT DES TAGES

DENKANSTOSS

„Es kommt nicht darauf an, was wir in unserem Leben haben, sondern wen." - J.M. Laurence

MORGENROUTINE

Aufstehzeit

:

Routine

ABEND

ERFOLGE DES TAGES

ERKENNTNISSE DES TAGES

DAS MACHE ICH MORGEN BESSER

DARAUF FREUE ICH MICH MORGEN

ABENDROUTINE

Schlafenszeit

:

Routine

MORGEN

__ . __ . ____

M D M D F S S

DANKBARKEIT

POSITIVE SELBSTBEKRÄFTIGUNG

PRIORITÄT DES TAGES

DENKANSTOSS

„Müde Köpfe planen nicht gut. Schlafe zuerst, plane später."
- Walter Reisch

MORGENROUTINE

Aufstehzeit

:

Routine

ABEND

ERFOLGE DES TAGES

ERKENNTNISSE DES TAGES

DAS MACHE ICH MORGEN BESSER

DARAUF FREUE ICH MICH MORGEN

ABENDROUTINE

Schlafenszeit :

Routine

MORGEN

__.__.____

M D M D F S S

DANKBARKEIT

POSITIVE SELBSTBEKRÄFTIGUNG

PRIORITÄT DES TAGES

DENKANSTOSS

„Familie ist keine wichtige Sache. Es ist alles.“
- Michael J. Fox

MORGENROUTINE

Aufstehzeit

:

Routine

ABEND

ERFOLGE DES TAGES

ERKENNTNISSE DES TAGES

DAS MACHE ICH MORGEN BESSER

DARAUF FREUE ICH MICH MORGEN

ABENDROUTINE

Schlafenszeit

:

Routine

WOCHEN **ABSCHLUSS**

TOP 3 **ERFOLGE**

TOP 3 **ERKENNTNISSE**

DAS MACHE ICH **NÄCHSTE WOCHE BESSER**

REFLEKTION DER **CHALLENGES**

SCHLAF

BEZIEHUNGEN

PUNKTZAHL | /2

WOCHEN
AUSBLICK

MO

DI

MI

DO

FR

SA

SO

LEVEL 3

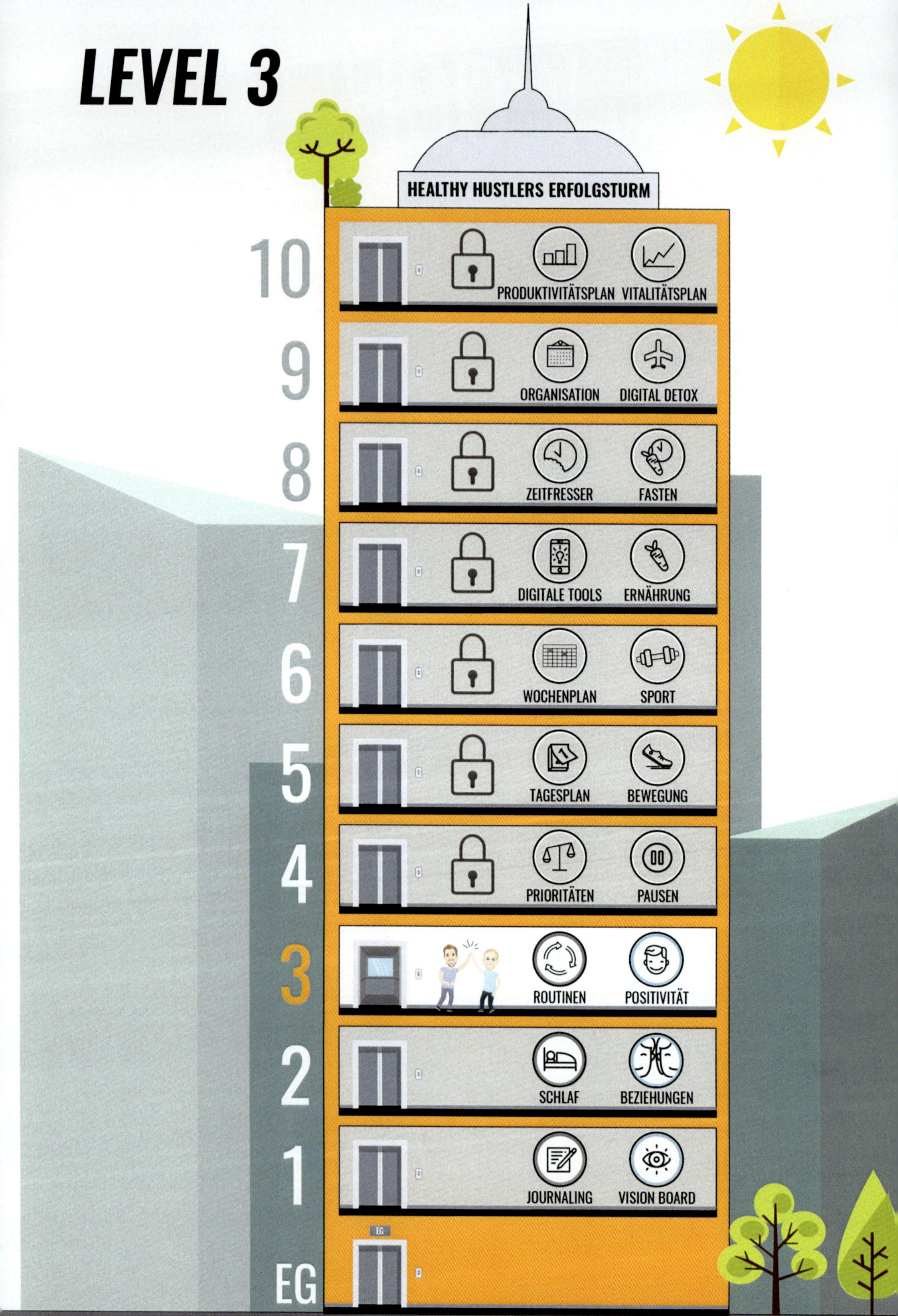
HEALTHY HUSTLERS ERFOLGSTURM
10
PRODUKTIVITÄTSPLAN
VITALITÄTSPLAN
9
ORGANISATION
DIGITAL DETOX
8
ZEITFRESSER
FASTEN
7
DIGITALE TOOLS
ERNÄHRUNG
6
WOCHENPLAN
SPORT
5
TAGESPLAN
BEWEGUNG
4
PRIORITÄTEN
PAUSEN
3
ROUTINEN
POSITIVITÄT
2
SCHLAF
BEZIEHUNGEN
1
JOURNALING
VISION BOARD
EG
EG

Von der Routine zur Gewohnheit

Auch wenn die alltäglichen kleinen Handlungen, die wir automatisch ausführen, auf den ersten Blick nicht bedeutend erscheinen, haben sie doch erhebliche Auswirkungen auf unser Leben. Denn es sind genau diese unscheinbaren Gewohnheiten, die in Summe mindestens genauso wichtig sind, wie die Offensichtlichen. Wie Studien belegen sind 40% unserer täglichen Handlungen reine Gewohnheit, also keine bewussten Entscheidungen, sondern etwas, das wir tun, ohne darüber nachzudenken.[1]
Leider erkennt unser Gehirn nicht den Unterschied zwischen guten und schlechten Gewohnheiten. Haben sich unsere schlechten Gewohnheiten erst einmal etabliert, bleiben sie fest in unserem Gehirn verankert und können nicht mehr gelöscht, sondern lediglich ersetzt werden. Aber die gute Nachricht lautet: Wir können unsere schlechten Gewohnheiten vollständig mit für uns vorteilhaften Gewohnheiten ersetzen.[2]

Um diese Gewohnheiten aufzubauen, müssen wir erst einmal verstehen, wie sie funktionieren. Als Beispiel hierfür ist die Gewohnheit unser Smartphone auf neue Nachrichten zu überprüfen prädestiniert. Zuallererst muss es ein Verlangen geben, das die Gewohnheit antreibt. In unserem Beispiel ist es die Neugierde oder der Gedanke an Bestätigung. Doch die Gewohnheit beginnt immer mit einem Auslöser. Dies kann der Nachrichtenton sein, der uns direkt an unser Verlangen erinnert. Darauf folgt die unbedachte Handlung, also der Griff zum Smartphone - hier wird nicht lange überlegt. Die geöffnete Benachrichtigung stellt in diesem Kreislauf die letzte Komponente der Gewohnheit dar: die Belohnung. Egal ob das Zähneputzen, Joggen oder Snacken eines Schokoriegels - alle Gewohnheiten folgen diesem Muster: **Auslöser, Routine, Belohnung.**[3]

Hierbei muss der Auslöser nicht immer auditiv oder visuell sein, denn er kann viele Formen annehmen: eine bestimmte Uhrzeit, ein Gefühl aber auch Menschen, mit denen wir uns umgeben. Gleiches gilt für die Belohnung.

Da Du nun weißt, wie Gewohnheiten entstehen, möchten wir auch noch kurz auf das Thema "schlechte Gewohnheiten" eingehen. Wie wir bereits gelernt haben, lassen sich negative Verhaltensmuster am einfachsten ablegen, wenn wir sie überschreiben. Denn wenn wir einfach nur versuchen, sie zu unterdrücken, wird es uns deutlich schwerer fallen, gegen unser Verlangen anzukämpfen und wir erhöhen die Wahrscheinlichkeit, doch wieder schwach zu werden. Dafür müssen wir identifizieren, was hinter dem Verlangen der Gewohnheit steckt und uns überlegen, mit welcher guten Gewohnheit wir die schlechte ersetzen können. Zudem müssen wir uns bewusst machen, warum wir diese Angewohnheit unbedingt loswerden möchten.

Beispiel: Das Smartphone mit ins Bett nehmen.

- *Warum tun wir das? Aus schlechter Gewohnheit.*
- *Warum möchten wie diese Gewohnheit ablegen? Es hindert uns daran einzuschlafen.*
- *Womit können wir diese Gewohnheit sinnvoll ersetzen? Durch das Lesen eines Buches (unsere Augen werden müde und wir entspannen uns).*

Wenn wir das Smartphone beim nächsten Mal mit ins Bett nehmen möchten, lassen wir es stattdessen im Wohnzimmer und schlagen ein Buch auf. Alternativ könnten wir auch im Bett durch Journaling ausgiebig den Tag reflektieren. Es gibt zahlreiche Möglichkeiten!

ROUTINEN-CHALLENGE

Im Folgenden fokussieren wir uns auf den Aufbau guter Gewohnheiten.

Dafür werden wir Dir eine Reihe an positiven Gewohnheiten zur Verfügung stellen, die Dir als Inspiration für die Erstellung Deiner zukünftigen Morgen- und Abendroutine dienen. Es handelt sich dabei lediglich um Empfehlungen. Wichtig ist, dass Du Dir eine Morgen- und Abendroutine erstellst, die an Deine persönlichen Bedürfnisse angepasst ist. Setze diese neuen Routinen bis zum Ende unseres Programms auf täglicher Basis bestmöglich um.

Damit Du Deine zukünftigen Routinen erfolgreich etablieren kannst, solltest Du Dir bewusst machen, was Dein Motiv bzw. Verlangen dafür ist, mit einer bestimmten Gewohnheit zu starten und wie Du diese bestmöglich auslösen kannst. Denn wie Du gelernt hast, erledigt sich der Rest dann ganz von alleine. Am besten startest Du immer mit einer Gewohnheit, die sich "kleiner Erfolg" nennt.
Diese kann vom Glas Wasser trinken bis hin zum Bett machen reichen und dient dazu, den Stein für die noch folgenden, etwas größeren Gewohnheiten ins Rollen zu bringen. Bei der Auswahl unserer Routinen-Elemente haben wir darauf geachtet, dass sie ausgeglichen sind und vor allem die Vitalität fördern.

Ab jetzt kannst Du jeden Tag auf den Jounal-Seiten abhaken, ob Du Deine Morgen- und Abendroutine durchgeführt hast.

ABER ES GIBT AUCH EIN PAAR DINGE, DIE DU VOR DER ZUSAMMENSTELLUNG DEINER GEWOHNHEITEN BEACHTEN SOLLTEST:

- Plane zukünftig am besten einen festen Zeitblock für Deine Morgen- und Abendroutine ein. Überlege Dir genau, wie viel Zeit Du bereit bist, morgens und abends zu investieren. Das Argument, keine Zeit für etwas zu haben, können wir hier gleich aus der Welt räumen - alles ist letztendlich eine Frage der Prioritäten, die wir uns setzen.
- Innerhalb dieses Zeitblocks sollte Dein Smartphone ausgeschaltet oder im Flugmodus bleiben, sodass Dich nichts und niemand ablenkt.
- Zudem ist es ratsam, erst einmal klein anzufangen und Deine morgendliche bzw. abendliche Routine im Laufe der Zeit Stück für Stück zu erweitern oder einzelnen Gewohnheiten mehr Zeit einzuräumen. So erhöhst Du Deine Erfolgschancen, diese zu etablieren.

Bei Einhaltung dieser Regeln wirst Du feststellen, dass die Gewohnheiten, die zu Beginn noch viel Willenskraft erfordert haben, mehr oder weniger automatisch passieren und Dich kaum noch Überwindung kosten. Außerdem werden sich Deine neuen Gewohnheiten auch in anderen Lebensbereichen positiv bemerkbar machen, denn sie wirken sich auch auf Gewohnheiten außerhalb Deiner Routinen aus und sind deshalb ein wichtiger Baustein für ein erfolgreiches Leben. Da Du nun mit den Grundlagen für Routinen und Gewohnheiten vertraut bist, zeigen wir Dir unsere exemplarische Morgenroutine:

MEHR DAZU?

HÖR DICH REIN!
HH15 - Mit smarten Routinen Dein volles Potenzial entfalten

UNSERE **MORGENROUTINE**

Das ist die für uns perfekte Morgenroutine, mit der wir für gewöhnlich um 06:30 Uhr starten und welche zwischen 45-60 Minuten dauert. An Tagen an denen wir unsere Morgenroutine herunter priorisieren, führen wir dennoch immer die für uns wichtigsten Bausteine aus und kürzen die Dauer des ein oder anderen Bausteins ein wenig. Denn ein Morgen ohne Morgenroutine ist für uns undenkbar geworden!

! BUCHEMPFEHLUNG:
THE POWER OF HABIT VON CHARLES DUHIGG

REIHENFOLGE	ICON	KATEGORIE	BAUSTEIN	DAUER
1		Kleiner Erfolg	0,5 Liter Wasser trinken	0,5 min
2		Kleiner Erfolg	Lüften	5 min
3		Kleiner Erfolg	Bett machen	0,5 min
4		Kleiner Erfolg	Siegerpose	1 min
5		Kleiner Erfolg	Dehnen & Strecken	2 min
6		Bewegung	Zirkeltraining	10 min
7		Entspannung	Meditation	10 min
8		Kleiner Erfolg	Kalt duschen	5 min
9		Kleiner Erfolg	Zähne mit der schwachen Seite putzen	3 min
10		Journaling	Journaling	5 min

DER **MORGEN**

Wie Du schon in Level 2 gelernt hast, bestimmt der Morgen und damit all die Dinge, die wir direkt nach dem Aufstehen angehen, ganz entscheidend, mit welcher Stimmung und welchem Erfolg der Rest des Tages verlaufen wird. Um optimal zu starten und Deinem inneren Rhythmus einen Gefallen zu tun, solltest Du darauf achten, mit Deinen Routinen stets zur selben Uhrzeit zu beginnen. Für Deine Morgenroutine haben wir Dir eine Auswahl von Gewohnheiten aus verschiedenen Bereichen erstellt, um Dir Inspiration für Deine zukünftige Morgenroutine zu geben. Denn jeder Mensch ist sehr individuell und damit auch seine Bedürfnisse bzw. Vorlieben hinsichtlich der Morgenroutine. Das Journaling sollte jedoch stets ein fester Bestandteil Deiner Morgen- und Abendroutine sein.

Sinnvolle Bestandteile einer effektiven Morgenroutine sehen für uns wie folgt aus:

- **Kleine Erfolge** - Direkt nach dem Aufstehen beginnen wir mit einem "kleinen Erfolg", der dazu führt, dass wir bereits in den "Flow" für alle folgenden Gewohnheiten kommen.

- **Bewegung** - Ein wenig Bewegung am Morgen bringt den Kreislauf in Schwung. Nach einer langen Nacht ein absolutes Muss für uns, um zur Höchstform aufzulaufen.

- **Entspannung** - Eine Achtsamkeitsübung oder Meditation hilft uns dabei, entspannt in den Tag zu starten und die Ruhe zu bewahren.

- **Journaling** - Ein kleines Warm-up für unseren Geist und unsere Motivation.

GEWOHNHEITEN **AM MORGEN**

Die folgenden Gewohnheiten darfst Du als ein Buffet verstehen, von dem Du Dich nach Lust und Laune bedienen kannst. Wie und ob Du sie anwendest, bleibt letzten Endes Dir überlassen. Aus eigener Erfahrung über ihre Vorteile sprechen wir aber gerne eine Empfehlung für die folgenden Gewohnheiten aus:

KLEINE ERFOLGE

1 | Bett machen - Ein gemachtes Bett kreiert eine entspannte Atmosphäre und schafft ein erstes Erfolgserlebnis.

2 | 0,5 l Wasser trinken - Nach dem Schlafen sind wir dehydriert und sollten daher umgehend Wasser trinken. Dies verbessert zudem unseren Stoffwechsel- und Säurehaushalt.

3 | Power-Atmung - 15 mal tief durch die Nase ein- und den Mund ausatmen (nach jedem Atemzug die Luft kurz halten) und im Anschluss 30 mal schnell durch die Nase ein- und den Mund ausatmen. Das hat einen vitalisierenden Effekt, durch den man sich direkt wacher und energiegeladener fühlt.

4 | 10x dehnen & strecken - Abwechselnd die Füße versuchen zu berühren und Strecken. Dies verbessert die Beweglichkeit und beugt Verspannungen sowie Verletzungen vor.

5 | 5 Minuten lüften - Wirkt sich positiv auf das Raumklima und somit unser Wohlbefinden aus.

6 | 10 Sekunden Sieger-Pose - Die Arme wie ein Sieger zum Himmel strecken, um das Cortisol-Level zu senken und das Selbstbewusstsein zu stärken.

7 | Kalt duschen - Zuerst mit lauwarmem Wasser abbrausen, danach auf kalt umstellen und - angefangen bei den Füßen - langsam von unten bis oben abduschen. Das stärkt das Immunsystem und fördert die Durchblutung.

8 | Zähne putzen - Aber mit der schwachen Seite! Challenge accepted?

BEWEGUNG

Für die Fitness am Morgen muss es nicht gleich ein ganzes Workout sein. Auch kleine Kraft- oder Ausdauereinheiten bewirken bereits etwas, da wir nach einer langen Nacht wieder unseren Kreislauf ankurbeln und uns gleich ein Stück vitaler fühlen.

1 | Zirkeltraining

Führe die folgenden Übungen nach einem Schwierigkeitsgrad Deiner Wahl aus. Die Wiederholungs- und Rundenanzahl kannst Du selbst bestimmen.

Auflockern
- Hampelmann

Liegestütze (mit ausgestreckten Beinen oder auf den Knien)

Kniebeugen

Dips (mit ausgestreckten oder angewinkelten Beinen)

Ausfallschritte

2 | Joggen

Joggen oder Spazierengehen - Mindestens 10 Minuten sollten es schon sein, damit Kreislauf und Stoffwechsel in Schwung kommen!

3 | Yoga

Führe die folgenden Übungen direkt nacheinander aus und halte sie jeweils mindestens 15 Sekunden (ggf. je Seite). Auch hier darfst Du natürlich beliebig viele Runden ausführen:

Krieger

Hund

Baum

Dreieck

ENTSPANNUNG

Um stressfrei in den Tag starten zu können und den Fokus zu verbessern, kannst Du bestimmte Achtsamkeitsübungen nutzen. Zudem werden dadurch automatisch Gedächtnisleistung und Kreativität gefördert.

1 | 5 Minuten Atem-Meditation

Aufrecht hinsetzen, die Augen schließen und auf den Atem konzentrieren. Dabei gedanklich im Moment bleiben und versuchen, nicht über vergangenes, zukünftiges oder Verpflichtungen nachzudenken.

2 | Positive Visualisierung

Ein Ziel visualisieren, das Du noch erreichen möchtest und den Moment des Ziel-Zustandes so genau und detailreich wie möglich vorstellen. Wie fühlst Du dich dabei, wie siehst Du aus, von was bist Du umgeben? Das hat den netten Nebeneffekt, dass das Unterbewusstsein Dich im Laufe der Zeit bei der Zielerreichung unterstützt.

JOURNALING

Das Journaling erwähnen wir hier nur der Vollständigkeit halber. Denn Du schreibst ja bereits in Deine Journal-Seiten und weißt, welche zahlreichen Vorteile diese Gewohnheit bietet. Zudem ist es ein Tool, um Deinen Fortschritt effektiv zu verfolgen und Dein volles Potenzial leichter zu entfalten.

NOCH NICHT GENUG?

Wir erzählen Dir gern mehr.

HH16 - Unsere täglichen Power-Routinen

DEINE **MORGENROUTINE**

JETZT BIST DU DRAN!

Stelle Dir Deine eigene, ganz individuelle Morgenroutine zusammen. Wie bereits erwähnt sind unsere Bausteine nur als Inspiration zu verstehen und Du kannst Dir gerne weitere Gewohnheiten überlegen. Wir empfehlen jedoch mit einem kleinen Erfolg bzw. kleinen Erfolgen zu beginnen, sich danach etwas zu bewegen und am Ende noch eine Entspannungsübung durchzuführen.

- **Schritt 1 –** Nimm Dir am besten einen Bleistift, den Du ausradieren kannst, damit Du Deine Routine im Laufe der Zeit noch anpassen kannst.

- **Schritt 2 –** Trage unter „Deine Morgenroutine" alle von Dir ausgewählten Gewohnheiten in Deiner gewünschten Reihenfolge ein. Schreibe zusätzlich auf, wieviel Zeit Du Dir für sie nehmen möchtest.

- **Schritt 3 –** Visualisiere, wie Du genau diese Morgenroutine Schritt für Schritt durchführst. Das hilft Dir, den Ablauf zu verinnerlichen und ggf. kannst Du ihn nochmal anpassen, wenn etwas nicht stimmig ist.

Startzeit: ☐ *Endzeit:* ☐

REIHENFOLGE	BAUSTEIN	DAUER

UNSERE **ABENDROUTINE**

REIHENFOLGE	ICON	KATEGORIE	BAUSTEIN	DAUER
1		Kleiner Erfolg	Lüften	5 min
2		Kleiner Erfolg	Aufräumen	5 min
3		Kleiner Erfolg	Folgetag im Kalender ansehen	2 min
4		Kleiner Erfolg	Zahnseide	1 min
5		Kleiner Erfolg	Zähne mit der schwachen Seite putzen	3 min
6		Journaling	Journaling	5 min
7		Entspannung	Lesen	15 min

DER **ABEND**

Wer eine feste Morgenroutine hat, sollte auch eine feste Abendroutine haben.

Dadurch schließt sich der Kreis dieser Gewohnheiten, da ein Element in das andere greift. Zudem ist die Zeit der meisten Menschen am Morgen begrenzt und es gibt bestimmte Gewohnheiten, die sich für den Abend besonders gut anbieten. Grundsätzlich ist es ratsam, dass Du auch hier eine feste Zeit einplanst, zu der Deine Routine in der Regel beginnen und enden soll.

Du solltest es Dir zur Gewohnheit machen, dass Dein Tag mit Deiner Routine abschließt und Du danach ohne Umschweife schlafen gehst. So kommst Du gar nicht erst in Versuchung, sie nicht durchzuführen und stellst sicher, dass Dein Körper nicht aus dem Rhythmus gerät.

Die Abendroutine sollte, wie auch schon am Morgen, mit einem kleinen Erfolg beginnen und einen Eintrag in Dein Journal beinhalten. Damit die Abendroutine leichter zur Gewohnheit wird, ist auch hier eine Belohnung ratsam.

Unsere Belohnung für die abendliche Routine ist ganz einfach: erholsamer Schlaf. Sinnvolle Bestandteile einer effektiven Abendroutine sehen für uns wie folgt aus:

- **Kleine Erfolge** - Hierdurch kommen wir wieder in den Flow.
- **Lesen oder eine Entspannungsübung** - Hilft uns dabei, deutlich besser einzuschlafen.
- **Journaling** - Dadurch verarbeiten und reflektieren wir die Erlebnisse des Tages.

GEWOHNHEITEN **AM ABEND**

Am Abend fällt unsere Routine deutlich unspektakulärer aus. Das liegt daran, dass wir bereits etwas müder sind und diese eher zum Entspannen nutzen möchten (aber natürlich auch daran, dass wir kaum noch Willenskraft für bestimmte Gewohnheiten übrig haben). Dennoch darfst Du Dich natürlich auch noch an Elementen aus der Morgenroutine bedienen.

KLEINE ERFOLGE

1 | Zahnseide - Zahnseide vor dem Zähneputzen ist absolute Pflicht für uns! Durch die Anwendung von Zahnseide challengen wir unsere Willenskraft (ja, es kostet uns immer noch Überwindung!) und beugen gleichzeitig Karies sowie Zahnfleischerkrankungen vor.

2 | 5 Minuten lüften - Diesen kleinen Erfolg kennst Du ja bereits aus der Morgenroutine.

3 | Outfit rauslegen oder Tasche packen - So sparen wir uns am Morgen Zeit, schonen unsere Entscheidungskapazität und vermeiden Stress.

4 | 5 Minuten das Wichtigste aufräumen - Dadurch kannst Du beruhigter schlafen gehen, denn eine aufgeräumte Schlafumgebung wirkt entspannend auf uns.

5 | Den Folgetag im Kalender ansehen - Durch den frühzeitigen Blick in den Kalender können wir noch rechtzeitig auf Ereignisse reagieren, die am nächsten Tag anstehen.

Entspannung

Wenn Dir Entspannung am Abend wichtig ist, kannst du wie auch schon in der Morgenroutine meditieren, visualisieren oder eine Atemübung durchführen.

Lesen

Am Abend bietet es sich natürlich vor allem an zu lesen. Denn wer liest, hat eine ausgeprägtere Sozialkompetenz, verbessert die Gehirnleistung, erweitert sein Vokabular, reduziert Stress und schläft auch noch besser. Da überlegen wir nicht lange!

Journaling

Das Journaling erwähnen wir auch hier nur der Vollständigkeit halber.

DEINE ABENDROUTINE

WIE AUCH BEI DER MORGENROUTINE DARFST DU DIR JETZT DEINE EIGENE ABENDROUTINE ZUSAMMENSTELLEN.

Startzeit: ☐ *Endzeit:* ☐

REIHENFOLGE	KATEGORIE	BAUSTEIN	DAUER

MORGEN

__.__.____

M D M D F S S

DANKBARKEIT

POSITIVE SELBSTBEKRÄFTIGUNG

PRIORITÄT DES TAGES

DENKANSTOSS

„Je nachdem, was sie sind, werden unsere Gewohnheiten uns entweder erfolgreich machen oder brechen. Wir werden zu dem, was wir immer wieder tun.“ - Sean Covey

MORGENROUTINE

Aufstehzeit

:

Routine

ABEND

ERFOLGE DES TAGES

ERKENNTNISSE DES TAGES

DAS MACHE ICH MORGEN BESSER

DARAUF FREUE ICH MICH MORGEN

ABENDROUTINE

Schlafenszeit

:

Routine

MORGEN

__.__.____

M D M D F S S

DANKBARKEIT

____

____

____

POSITIVE SELBSTBEKRÄFTIGUNG

____

____

____

PRIORITÄT DES TAGES

____

DENKANSTOSS

Welche Gewohnheiten anderer Menschen faszinieren Dich?

MORGENROUTINE

Aufstehzeit

:

Routine

☐

ABEND

ERFOLGE DES TAGES

ERKENNTNISSE DES TAGES

DAS MACHE ICH MORGEN BESSER

DARAUF FREUE ICH MICH MORGEN

ABENDROUTINE

Schlafenszeit :

Routine

MENTALE STÄRKE: **POSITIVITÄT**

Menschen mit einer hohen Selbstkontrolle lassen ihre Emotionen nur selten durch äußere Umstände beeinflussen oder sich dadurch von ihrem Ziel ablenken. Das bedeutet beispielsweise, dass sie auch dann positiv bleiben, wenn sie mal einen schlechten Tag oder ein Phase haben, in der es nicht so gut läuft. Natürlich sind solche Phasen vollkommen normal und in Ordnung. Wir sollten jedoch in der Lage sein, uns aus diesem Zustand rauszuholen, wenn es darauf ankommt und unsere Gedanken grundsätzlich auf das Positive lenken. Wenn wir es zudem schaffen, unsere Niederlagen stets als Chance zu betrachten, werden wir mit jedem Fehler ein Stück wachsen und uns verbessern. Denn positive Menschen haben erwiesenermaßen einen biologischen Vorteil gegenüber negativ denkenden Menschen, wodurch sie erfolgreicher und glücklicher sind.[4] Zudem hat Optimismus, laut einer der bekanntesten Studien zum Thema "Positives Denken", eine entscheidende Auswirkung auf unsere körperliche Gesundheit. Was dagegen negative Gedanken bewirken, testete die Psychologin Barbara Frederickson durch ein interessantes Experiment.[5] Dafür bildete sie zwei Gruppen und zeigte der einen Gruppe Filmausschnitte, die negative Gefühle auslösten und der anderen Gruppe Filme, die keine oder neutrale Emotionen erzeugten. In einem anschließenden Test fielen den Teilnehmern, die negativen Emotionen ausgesetzt waren, deutlich weniger Handlungsmöglichkeiten ein, als den Teilnehmern der anderen neutralen Gruppe. Wer also die Wahrscheinlichkeit erhöhen möchte, die für sich bestmögliche Entscheidung zu treffen und Lösung zu entwickeln, sollte sich lieber positiv einstellen.

! BUCHEMPFEHLUNG:
THE HAPPINESS ADVATAGE VON SHAWN ACHOR

Damit auch Du erfolgreicher, gesünder und glücklicher durchs Leben gehen kannst, geben wir Dir gerne ein paar Techniken an die Hand, die Du anwenden kannst, um Deine Stimmung umgehend zu heben.

- **Lächeln** - Sobald wir lächeln ist es ein Zeichen für unser Gehirn Endorphine auszuschütten. Denn es ist so programmiert, dass diese Bewegung sofort und unweigerlich mit positiven Gedanken verbunden wird. Wir können also gar nicht anders, als glücklicher zu werden.
- **Siegerpose** - Diese hast Du bereits unter "Level 3: Routinen" vorgestellt bekommen. Hierbei streckst Du Deine Arme für mindestens eine Minute so weit es geht nach oben aus, was umgehend Dein Stresslevel senkt.
- **Ein kurzer Spaziergang in der Natur** - Aufenthalte in der Natur wirken ausgleichend, entspannend und öffnen Deinen Blick für Neues. Schon einige Minuten im Grünen reichen aus, um einen messbaren Effekt auf Deinen Gemütszustand zu erzielen.
- **Gute Laune Fragen** - Unser gedanklicher Fokus bestimmt, wie wir uns fühlen. Mit den richtigen Fragen an uns selbst können wir unsere Gedanken wieder auf das Positive lenken. Das sind beispielsweise Fragen wie "Worüber bin ich im Moment glücklich?" oder "Worauf bin ich besonders stolz?".

POSITIVITÄTS-CHALLENGE

Stecke einen Tag lang alle mit Deiner guten Laune an!

Falls Du an diesem Tag selbst eine Situation erleben solltest, in der Du auf gute Laune angewiesen bist, dann erinnere Dich einfach an unsere Tipps :-)

PODCAST? - POSITIV!

HH41 - Impuls der Woche
Lachen ist die beste Medizin

Foto © Julian Koch

KLARA FUCHS

MENTALTRAINERIN UND BLOGGERIN

„SELBSTVERTRAUEN IST DIE GRUNDVORAUSSETZUNG FÜR ERHÖHTE LEBENSQUALITÄT."

Mit 16 Jahren habe ich bereits mit Leistungssport angefangen und zweimal täglich auf meinen ersten Triathlon hintrainiert. Zu diesem Zeitpunkt hatte ich oft Gedanken wie "Was denken die anderen von mir?" oder auch "Was ist, wenn ich jetzt nicht die Leistung abrufe, die von mir erwartet wird?" Ich konzentrierte mich zu diesem Zeitpunkt viel zu sehr auf die Meinung von außen, anstatt auf meine eigene Leistung und stand mir daher oft selbst im Weg. Dadurch wurde mir schnell klar, wie wichtig eine starke Psyche ist, um mit äußerem Druck und Selbstzweifeln gesund umzugehen.

Somit habe ich angefangen, mich mit dem Thema Persönlichkeitsentwicklung zu beschäftigen, wodurch ich letztendlich zum Mentaltraining gekommen bin. Beim Mentaltraining befasst man sich viel mit der menschlichen Psyche, indem man unter anderem lernt, ein gesundes Selbstwertgefühl und Selbstvertrauen zu entwickeln. Denn viel zu viele Menschen haben eigentlich keine Probleme, sondern machen sich selbst zum Problem. Um dieses Problem zu lösen, arbeite ich bei meinem Coaching gerne mit offenen, positiven Fragen. Denn negative Fragen an uns selbst wie "Warum kann ich das *nicht?" ins Positive umzuwandeln, kann bereits sehr viel bewirken. Unser Verstand sucht nämlich immer nur nach Antworten auf Fragen, die wir uns selbst stellen, wodurch wir lernen können, unsere Gedankengänge selbst zu kontrollieren. Zusätzlich ist es wichtig, ein Bewusstsein für negative Emotionen zu entwickeln, indem man identifiziert, wodurch diese entstehen. Dies ist jedoch kein leichter Prozess, da wir unseren Alltag intensiv reflektieren müssen. Denn vieles ist unterbewusst in uns verankert und wir müssen uns die Zeit nehmen, um herauszufinden, was es genau ist. Das kann man beispielsweise durch ein Tagebuch oder gezielte Fragen an sich selbst tun. Dafür darf man jedoch keine Angst haben, tief in seine Emotionen hineinzugehen, sondern sollte sich ausführlich mit ihnen auseinandersetzen, auch wenn es unangenehm ist. Denn wir sind selbst Ursprung und Lösung all unserer Probleme und müssen realisieren, was in unserer Hand liegt und was wir nicht kontrollieren können. Damit Du Deine mentale Stärke verbessern kannst, möchte ich Dir nun noch ein paar weitere Tipps an die Hand geben.*

- *Stelle Dir immer eine Frage, bevor Du etwas als Problem betrachtest: Inwiefern kann ich Einfluss nehmen? Denn wenn Du etwas ohnehin nicht beeinflussen kannst, dann brauchst Du Dir auch keine Sorgen darüber machen. Kannst Du es jedoch beeinflussen, brauchst Du Dir ebenfalls keine Sorgen zu machen, da Du an der Lösung des Problems arbeiten kannst.*

- *Positives Denken kannst Du trainieren, indem Du Deinen Fokus bewusst auf die positiven Dinge richtest und versuchst, selbst negativen Situationen etwas Gutes abzugewinnen. Diesen Fokus bekommst Du beispielsweise durch das Führen eines Dankbarkeitstagebuches.*

- *Jeder von uns hat Ängste und Probleme. Der einzige Unterschied zwischen positiven und negativen Menschen ist der Umgang mit diesen Ängsten und Problemen. Das macht letztendlich mental starke Menschen aus - sie bewältigen ihre Herausforderungen mit der richtigen Einstellung und sind proaktiv.*

- *Begib Dich nicht in die Opferrolle und lerne die volle Verantwortung für Deine Handlungen und Dein Leben zu übernehmen. Nur Du kannst die Veränderung bewirken, die Du gerne sehen würdest.*

- *Der effektivste Weg Ängste zu überwinden ist, Dich ihnen zu stellen und durch die Angst zu gehen. Andernfalls wirst Du Dir selbst immer im Weg stehen, sobald Du mit einer Angst konfrontiert wirst.*

- *Habe keine Angst Fehler zu machen - im Gegenteil. Aus Fehlern lernst Du sehr viel über Dich und sie ermöglichen Dir, Dich wieder ein Stück zu verbessern und weiter zu wachsen.*

- *Vertraue in Dich und Deine Fähigkeiten, auch wenn ein Ziel eigentlich viel zu groß erscheint. Erst wenn Du ein Ziel tatsächlich verfolgst, kannst Du feststellen, ob Du ihm gewachsen bist und wirst Dich durch diese Herausforderung deutlich weiterentwickeln können.*

- *An Deiner mentalen Stärke zu arbeiten ist ein kontinuierlicher Prozess, der nie aufhört. Du kannst jedoch bereits nach relativ kurzer Zeit ein Niveau erreichen, das Dir dabei hilft, deutlich besser mit Niederlagen umzugehen und Selbstzweifel aus dem Weg zu räumen.*

„EIN NEGATIVER VERSTAND ***WIRD DIR NIEMALS EIN POSITIVES LEBEN GEBEN.“***

- ZIAD K. ABDELNOUR

MORGEN

__.__.____

M D M D F S S

DANKBARKEIT

POSITIVE SELBSTBEKRÄFTIGUNG

PRIORITÄT DES TAGES

DENKANSTOSS

„Optimismus ist ein Glücksmagnet. Wenn Du positiv bleibst, wirst Du gute Dinge und gute Menschen anziehen.“
- Mary Lou Retton

MORGENROUTINE

Aufstehzeit :

Routine

ABEND

ERFOLGE DES TAGES

ERKENNTNISSE DES TAGES

DAS MACHE ICH MORGEN BESSER

DARAUF FREUE ICH MICH MORGEN

ABENDROUTINE

Schlafenszeit :

Routine ☐

MORGEN

__ . __ . ____

M D M D F S S

DANKBARKEIT

POSITIVE SELBSTBEKRÄFTIGUNG

PRIORITÄT DES TAGES

DENKANSTOSS

„Unser Charakter ist im Grunde eine Mischung aus unseren Gewohnheiten. Weil sie konsistente, oft unbewusste Muster sind, drücken sie täglich unseren Charakter aus.“
- Stephen Covey

MORGENROUTINE

Aufstehzeit

:

Routine

ABEND

ERFOLGE DES TAGES

ERKENNTNISSE DES TAGES

DAS MACHE ICH MORGEN BESSER

DARAUF FREUE ICH MICH MORGEN

ABENDROUTINE

Schlafenszeit

:

Routine

MORGEN

__.__.____

M D M D F S S

DANKBARKEIT

POSITIVE SELBSTBEKRÄFTIGUNG

PRIORITÄT DES TAGES

DENKANSTOSS

Was ist gerade Deine größte Sorge und wie kannst Du sie verschwinden lassen?

MORGENROUTINE

Aufstehzeit

:

Routine

ABEND

ERFOLGE DES TAGES

ERKENNTNISSE DES TAGES

DAS MACHE ICH MORGEN BESSER

DARAUF FREUE ICH MICH MORGEN

ABENDROUTINE

Schlafenszeit :

Routine

MORGEN

__ . __ . ____

M D M D F S S

DANKBARKEIT

____

____

____

POSITIVE SELBSTBEKRÄFTIGUNG

____

____

____

PRIORITÄT DES TAGES

____

DENKANSTOSS

„Wenn Du in großen Dingen Exzellenz erreichen willst, entwickle die Gewohnheit in kleinen Dingen. Exzellenz ist keine Ausnahme, es ist eine vorherrschende Einstellung.“
- Colin Powell

MORGENROUTINE

Aufstehzeit: [:]

Routine: [ ]

ABEND

ERFOLGE DES TAGES

ERKENNTNISSE DES TAGES

DAS MACHE ICH MORGEN BESSER

DARAUF FREUE ICH MICH MORGEN

ABENDROUTINE

Schlafenszeit :

Routine

MORGEN

—.—.——

M D M D F S S

DANKBARKEIT

POSITIVE SELBSTBEKRÄFTIGUNG

PRIORITÄT DES TAGES

DENKANSTOSS

Was tust Du nur, weil es „normal" ist?

MORGENROUTINE

Aufstehzeit

:

Routine

ABEND

ERFOLGE DES TAGES

ERKENNTNISSE DES TAGES

DAS MACHE ICH MORGEN BESSER

DARAUF FREUE ICH MICH MORGEN

ABENDROUTINE

Schlafenszeit :

Routine

WOCHEN **ABSCHLUSS**

TOP 3 **ERFOLGE**

TOP 3 **ERKENNTNISSE**

DAS MACHE ICH **NÄCHSTE WOCHE BESSER**

REFLEKTION DER **CHALLENGES**

ROUTINEN

POSITIVITÄT

PUNKTZAHL | / 2 |

WOCHEN **AUSBLICK**

MO

DI

MI

DO

FR

SA

SO

LEVEL 4

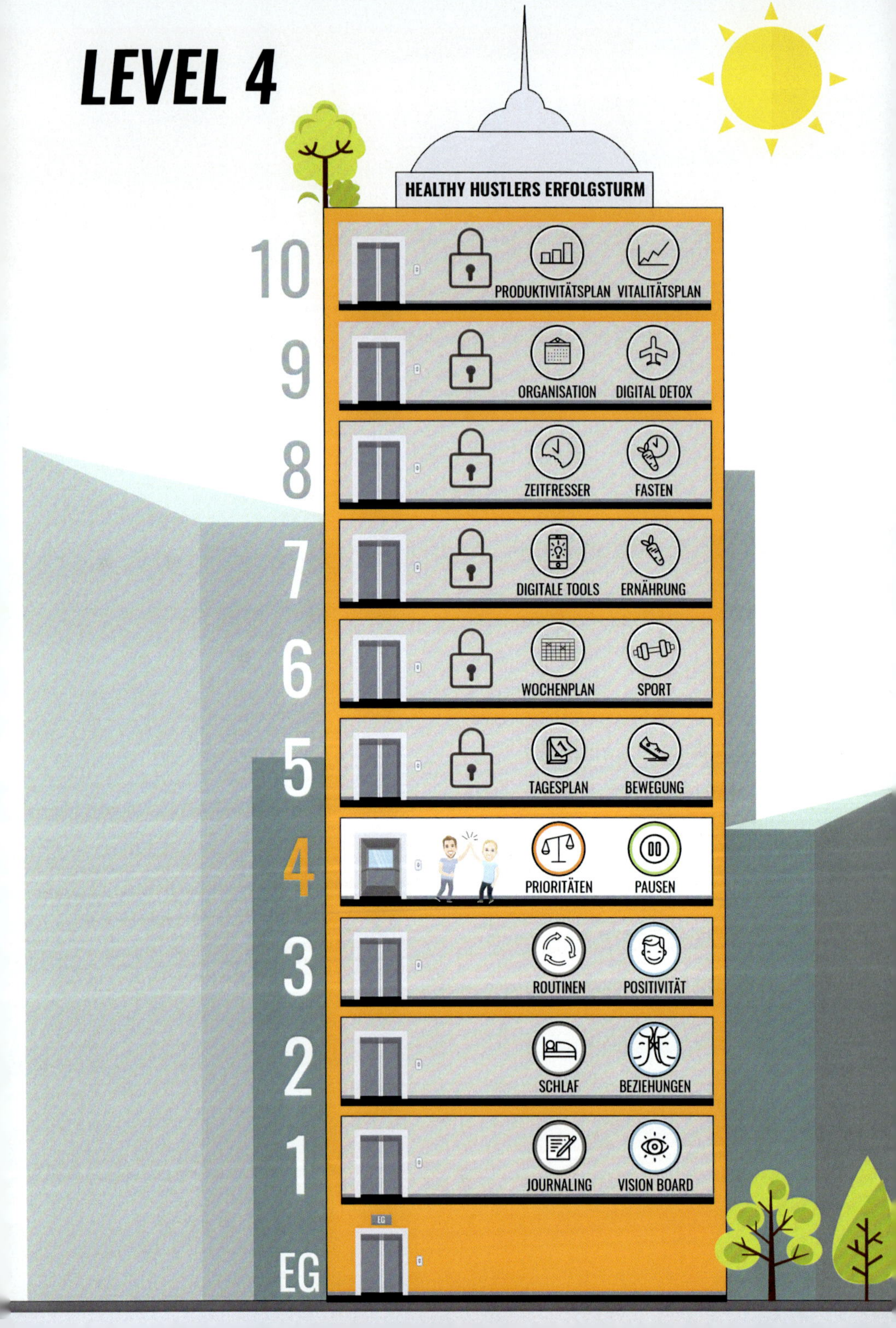

HEALTHY HUSTLERS ERFOLGSTURM
10
PRODUKTIVITÄTSPLAN
VITALITÄTSPLAN
9
ORGANISATION
DIGITAL DETOX
8
ZEITFRESSER
FASTEN
7
DIGITALE TOOLS
ERNÄHRUNG
6
WOCHENPLAN
SPORT
5
TAGESPLAN
BEWEGUNG
4
PRIORITÄTEN
PAUSEN
3
ROUTINEN
POSITIVITÄT
2
SCHLAF
BEZIEHUNGEN
1
JOURNALING
VISION BOARD
EG
EG

PRODUKTIVITÄT: **PRIORITÄTEN**

Nachdem Du Dir mit Journaling, Schlaf, Routinen und Challenges aus dem Bereich mentaler Stärke eine solide Basis erarbeitet hast, wird es Zeit, dass Du in die Welt der Produktivität eintauchst. Dich erwarten in den nächsten Leveln Impulse und Techniken, mit denen Du Deine Produktivität deutlich steigern kannst. Die Level folgen einem logischen Aufbau, der Dir Schritt für Schritt hilft, ein individuelles Vorgehen zu etablieren, mit dem Du den Überblick behältst, schnell voran kommst und damit Deine Ziele erfolgreich erreichst.
Zuerst befassen wir uns mit dem Thema Prioritäten. Wir sagen immer, dass wir niemals keine Zeit für etwas haben, sondern dass wir andere Prioritäten setzen. Zeit ist eine knappe Ressource, die für uns alle gleich ist. Indem Du die richtigen Prioritäten setzt, kannst Du das Beste aus Deiner kostbaren Zeit machen. Daher sind sie für ein effektives Zeitmanagement so essenziell.

Der Unterschied zwischen Effizienz und Effektivität

Eine wichtige Unterscheidung zum Thema Prioritäten ist die zwischen Effektivität und Effizienz. Viele Menschen nutzen beide Begriffe und einige sind sich nicht bewusst, dass sie sehr unterschiedlich sind. Um Dir den Unterschied zu verdeutlichen, haben wir ein Beispiel für Dich.

Wenn Du einen Baum fällen möchtest, kannst Du eine Axt oder eine Motorsäge nutzen. Beides bringt Dich ans Ziel und ist somit effektiv. Mit der Motorsäge bist Du deutlich schneller und deshalb effizienter als mit der Axt. Du sparst Ressourcen, in diesem Fall vor allem Zeit und Kraft.

Wir können am Tag 24 To-dos in Rekordgeschwindigkeit von unserer Liste abarbeiten und sind damit besonders effizient. Es fühlt sich ja irgendwie auch richtig gut an, ein To-do nach dem anderen abzuhaken.

Doch was ist, wenn das 25. To-do das war, das für diesen Tag das wichtigste gewesen wäre und Dich Deinen Zielen am meisten näher gebracht hätte? Dann warst Du zwar effizient, aber eben nicht effektiv.

- **Effektiv** arbeitest Du dann, wenn Du etwas machst, das zum gewünschten Ergebnis bzw. Ziel führt. Du tust die richtigen Dinge.

- **Effizient** arbeitest Du, wenn Du das gewünschte Ergebnis bzw. Ziel mit möglichst geringem Aufwand (Zeit oder Ressourcen) erreichst. Du tust die richtigen Dinge richtig.

Im Bezug auf Deine tägliche Arbeit ist es nicht sinnvoll, nur effizient zu sein. Nur effektiv zu sein bringt Dich zwar Deinen Zielen näher, Du vernachlässigst aber ggf. Zeit und Kosten. Daher darfst Du für Dich eine gute Balance finden, wie Du gleichzeitig effizient und effektiv arbeitest.

Die 80/20-Regel

Eine Technik, die Dich bei einer effizienten und effektiven Arbeitsweise unterstützt, ist die 80/20 Regel. Sie wird auch Pareto-Prinzip nach ihrem Erfinder Vilfredo Pareto genannt und besagt:

- 80% der Ergebnisse können mit 20% des Gesamtaufwandes erreicht werden.
- Die verbleibenden 20% der Ergebnisse benötigen mit 80% die meiste Arbeit.
- Übertragen auf unser Leben heißt das sogar, dass 20% der eigenen Anstrengungen für 80% unseres persönlichen Erfolges verantwortlich sind.

Es ist eine Zeitmanagement-Methode, mit der Du die wichtigsten Teile einer Aufgabe oder eines Projektes priorisierst und fokussierst. Indem Du herausfindest, was wirklich wichtig ist und erledigt werden muss und was im wahrsten Sinne des Wortes eher „Zeitverschwendung“ ist, kannst Du Deine Arbeit strukturieren. Das ist dann besonders sinnvoll, wenn Du eine Deadline hast, auf die Du hinarbeitest, die Zeit dadurch automatisch sehr begrenzt ist und Du Dich auf das Wesentliche fokussieren musst.

PRIORITÄT DES TAGES

Die aus unserer Sicht wichtigste Technik, die nicht nur besonders effektiv ist, sondern auch genau unter die 20% der eigenen Anstrengungen fällt, die besonders zu Deinem Erfolg beitragen. Vielleicht bist Du bereits mit dem Konzept des "One Things" oder auch "Eat the Frog" vertraut. Aufgaben, die man als "One Thing" oder "Frog" bezeichnet, sind die Aufgaben, die Dich langfristig voranbringen, die Dir jedoch oft auch schwer fallen und die Du auch gerne mal aufschiebst. Es kann sich dabei auch um etwas Kreatives oder Konzeptionelles handeln, für das Du Deine volle Konzentration benötigst. Wir nennen diese Aufgabe die Priorität des Tages. Genau diese Priorität des Tages darfst Du als allererstes To-do am Tag priorisieren und Dir vorknöpfen. Denn wir verfügen jeden Tag nur über ein begrenztes Budget an Willenskraft und Entscheidungskapazität, das mit jeder Aufgabe schrumpft. Wenn Du dieses kostbare Budget für die falschen Aufgaben verwendest, wirst Du danach erst recht keine Lust und Konzentration mehr haben, die "Priorität des Tages" anzugehen. Auch wenn es nicht immer leicht ist diese Aufgabe anzugehen, kannst Dir sicher sein, dass Du nach dem Erledigen einen großen Motivationsschub für den restlichen Tag verspüren wirst.

Der richtige Umgang mit Deiner Priorität des Tages bedeutet konkret, dass Du zu Beginn Deiner Arbeitszeit im Idealfall keine kleinen und unwichtigen To-dos angehst (wie beispielsweise das Beantworten von E-Mails). Dazu gehören auch Meetings, die besser Nachmittags abgehalten werden sollten. Natürlich wissen wir, das vor allem Angestellte meist nicht komplett frei entscheiden können, wie sie ihren Vormittag gestalten. Doch der Versuch ist es in jedem Fall Wert. Und wenn Du Deinem Vorgesetzten aufzeigst, dass Du durch ungestörtes Arbeiten in den ersten 2 Stunden des Tages deutlich produktiver bist, wird er Dich vielleicht sogar dabei unterstützen.

Wie identifizierst Du die Aufgaben, die sich für eine Priorität des Tages qualifizieren? Eine sehr einfache Frage ist: Welche Aufgabe würdest Du am liebsten aufschieben? Damit

triffst Du oft ins Schwarze. Denn wir wissen intuitiv, welche Aufgaben uns am meisten voranbringen.
Zudem liegt es uns noch am Herzen, das Konzept des Multitaskings zu entzaubern. Multitasking bei Themen, die Deine volle Aufmerksamkeit erfordern, existiert nicht. Punkt. Jede Unterbrechung, die passiert, während Du Dich fokussierst, kostet Dich kostbare Zeit, bis Du wieder voll im Thema bist. So wurde beispielsweise 2007 in einer Studie mit Programmierern von Microsoft festgestellt, dass sie nach jeder Unterbrechung 10-15 Minuten brauchten, um wieder das vorherige Konzentrationsniveau zu erreichen.[1] Deshalb ist es essenziell, dass Du alle Störfaktoren wie das Smartphone, E-Mails oder auch plaudernde Kollegen ausschaltest, bevor Du Dich um Deine Priorität des Tages kümmerst (Mehr dazu in Level 8).

PRIORITÄT-DES-TAGES-CHALLENGE

Schreibe Dir eine Liste mit allen Aufgaben, die Dir für diesen Tag wichtig erscheinen.

Aus den Aufgaben wählst Du die eine Aufgabe aus, die einer Priorität des Tages gerecht wird. Diese Priorität des Tages gehst Du mit vollem Fokus als erste Aufgabe des Tages an. Versuche vorher alles so zu organisieren, dass Du ungestört an Deiner Priorität arbeiten kannst. Sollten Kollegen Dich dabei unterbrechen wollen, dann teile ihnen wenn möglich mit, dass Du später auf sie zukommst.

! BUCHEMPFEHLUNG:

THE ONE THING
VON GARY KELLER

EAT THE FROG
VON BRAIN TRACY

STATT LESEN

Kannst du auch hören.

HH08 -
Prioritäten setzen like a Boss

„**HUSTLE IST EINFACH** - DAS

ROBERT GLADITZ

BUSINESS-COACH
AWESOME PEOPLE FAMILY

„MULTITASKING IST EINE ILLUSION! WIR MENSCHEN SIND NICHT DAFÜR GEMACHT, MEHRERE DINGE GLEICHZEITIG ZU TUN. WIR BRAUCHEN FOKUS."

Meine Vision ist es eine Welt zu erschaffen, in der es für jeden 18-jährigen völlig selbstverständlich ist, sein eigenes Ding zu machen und ein Business zu starten. Denn ich weiß, dass jeder Mensch das Potenzial hat, seine Leidenschaft in ein erfolgreiches Business zu verwandeln und dadurch nicht nur sein eigenes Leben, sondern die gesamte Welt zu verändern! Deshalb habe ich Projekte wie die AWESOME PEOPLE Conference oder die AWESOME PEOPLE Talentschmiede ins Leben gerufen, um möglichst viele Menschen zu inspirieren und ihnen dabei zu helfen, ihre Träume Realität werden zu lassen. Auf dem Weg zu Deinen Träumen und Zielen ist es essenziell, ein hohes Maß an Produktivität an den Tag zu legen. Klar, der erste Schritt ist es, überhaupt in die Umsetzung zu kommen und Deine Ziele zu verfolgen. Und dann lohnt es sich, die Hebel und Arbeitsweisen zu identifizieren, die Dich jeden Tag dabei unterstützen, massive Resultate zu erzielen.
Denn von nichts kommt nichts und eine ordentliche Portion Hustle und Selbstoptimierung gehört einfach dazu, wenn Du erfolgreich sein willst. Viel Spaß mit einigen meiner top Produktivitäts-Hacks!

Allgemeines

- Produktivitätstechniken machen erst Sinn, wenn Du schon produktiv bist. Wenn Du Dir eine Routine des kontinuierlichen Handelns aufgebaut hast.
- Es dauert eine Weile, bis Du ein Momentum entwickelt hast. Niemand wird innerhalb von einer Woche zum Produktivitäts-Ninja.
- Doch sobald Du richtig Fahrt aufgenommen hast, ist es einfacher weiterzumachen, als aufzuhören. Also bleibe unbedingt dran!

80/20 Prinzip

- Mit 20% des Aufwandes kommst Du zu 80% Deines gewünschten Ergebnisses. Um 100% zu erreichen, musst Du 80% zusätzlichen Aufwand investieren. In den meisten Fällen macht das keinen Sinn.
- Wenn Du das 80/20 Prinzip zwei Mal auf sich selbst anwendest, erhältst Du das Verhältnis 51/1. Das bedeutet, dass 1% des Aufwandes für 51% des gewünschten Ergebnisses sorgt – das ist das One Thing.

One Thing

- Stelle Dir jeden Morgen die Frage: „Was ist heute die eine Sache, die mich maximal weit auf meinem Weg zum gewünschten Ziel bringt?“
- Diese eine Sache gehst Du direkt morgens als erste Aufgabe des Tages mit vollem Fokus an, ohne dass Du von Störquellen abgelenkt wirst.
- Wenn Du nur diese eine Veränderung täglich umsetzt, wird sie Deine Produktivität auf ein völlig neues Level heben.

Störquellen

- Multitasking ist eine Illusion! Vermeide es, mehrere Aufgaben gleichzeitig zu erledigen. Jede Aufgabe hat Deinen vollen Fokus verdient.
- Es dauert 5-10 Minuten, bis Du nach einer Unterbrechung wieder auf Deinem vorherigen Fokus-Niveau arbeiten kannst.
- Stelle daher Deine Push-Notifications aus, gehe in den Flug-Modus, suche Dir einen ruhigen Arbeitsplatz und lasse Dich von niemandem stören.
- Trage Noise-Cancelling Kopfhörer. Mit entspannter Piano-Musik blendest Du alles aus und kannst extrem fokussiert arbeiten.

MORGEN

__ . __ . ____

M D M D F S S

DANKBARKEIT

POSITIVE SELBSTBEKRÄFTIGUNG

PRIORITÄT DES TAGES

DENKANSTOSS

„Produktivität ist in der Lage zu sein Dinge zu tun,
die Du zuvor niemals geschafft hast."
- Franz Kafka

MORGENROUTINE

Aufstehzeit

:

Routine

ABEND

ERFOLGE DES TAGES

ERKENNTNISSE DES TAGES

DAS MACHE ICH MORGEN BESSER

DARAUF FREUE ICH MICH MORGEN

ABENDROUTINE

Schlafenszeit :

Routine

MORGEN

__ . __ . ____

M D M D F S S

DANKBARKEIT

POSITIVE SELBSTBEKRÄFTIGUNG

PRIORITÄT DES TAGES

DENKANSTOSS

Wie kannst Du Dir heute mehr Zeit für die wirklich wichtigen Dinge verschaffen?

MORGENROUTINE

Aufstehzeit

:

Routine

ABEND

ERFOLGE DES TAGES

ERKENNTNISSE DES TAGES

DAS MACHE ICH MORGEN BESSER

DARAUF FREUE ICH MICH MORGEN

ABENDROUTINE

Schlafenszeit :

Routine

VITALITÄT: **PAUSEN**

An dieser Stelle haben wir schlechte Nachrichten für alle Workaholics, die gerne mal auf Pausen verzichten, um mehr zu schaffen. Denn regelmäßige Pausen sind laut einer Studie, die von Erholungsforscher Gerhard Blasche durchgeführt wurde, essenziell und förderlich für unsere Produktivität.[2] Darüber hinaus ist ein Arbeitsalltag mit regelmäßigen Auszeiten auch entscheidend für unser Wohlbefinden, da wir durch sie negativem Stress entgegenwirken können.
Trotz dieser Tatsache wird Pausen und ihrer Gestaltung in deutschen Büros eine viel zu geringe Bedeutung beigemessen. In unseren bisherigen Jobs haben wir oft erlebt, dass Kollegen und Kolleginnen täglich nur eine längere Pause gemacht haben, die größtenteils im Sitzen oder sogar am Arbeitsplatz stattfand.
Dabei sollte eine gute Pause sowohl zur geistigen, als auch zur physischen Regeneration beitragen. Das bedeutet konkret, dass wir unserem Gehirn eine Arbeits- und Informationspause verschaffen, sowie unseren Körper durch Bewegung und frische Luft neue Energie tanken lassen. Förderliche Aktivitäten für die Pausengestaltung sind, laut der Initiative für Gesundheit und Arbeit, vor allem Spaziergänge, Unterhaltungen mit Kolleginnen und Kollegen, "Power Naps" sowie Sport.[3] Was Du während Deinen Pausen vermeiden solltest ist, Dich weiter mit Arbeitsinhalten zu beschäftigen, zu viele private Nachrichten oder E-Mails zu lesen bzw. zu beantworten oder weiter sitzen zu bleiben, sofern Du im Sitzen arbeitest.

Nun bekommst Du alles, das es bei Deinen Arbeitspausen zu beachten gilt, noch einmal auf einen Blick:

- Mache sowohl vor, als auch nach Deiner Mittagspause häufiger kurze Pausen mit einer Dauer von 5-10 Minuten.
- Diese kurzen Pausen solltest Du spätestens alle 2 Stunden machen (stelle Dir dafür einen Timer).
- Warte mit Deinen Pausen nicht bis zur Erschöpfung, sondern gönne sie Dir als Belohnung nach einem Arbeitspaket oder langen Meeting.
- Lasse Dein Smartphone idealerweise am Arbeitsplatz.
- Gestalte Deine Pausen aktiv und mache einen kurzen Spaziergang.

PAUSEN-CHALLENGE

Achte einen Tag Ganz bewusst auf die Häufigkeit Deiner Pausen und Deine Pausengestaltung.

Stehe dafür am besten bei Deinem Arbeitgeber für Deine Pausen ein und erkläre, wie essenziell Pausen aus wissenschaftlicher Sicht für Produktivität und Wohlbefinden sind (und vor allem auch wie wichtig sie Dir sind). Das zu kommunizieren ist wichtig, um nicht als Faulenzer dazustehen und Pausen ohne schlechtes Gewissen machen zu können.

JACOB DRACHENBERG

EXPERTE FÜR GESUNDE STRESSBEWÄLTIGUNG

„GESUNDE STRESSBEWÄLTIGUNG IST KEIN ZUFALL, SONDERN EINE TRAINIERBARE KOMPETENZ."

Rückblickend kann ich sagen, dass die bisherigen Stationen meines Lebens alle auf meine aktuelle Mission einzahlen: Menschen dabei zu helfen, mit Stress besser umzugehen, damit sie ein gesünderes Leben mit mehr Energie führen können. Als ehemaliger Kapitän einer Wasserball-Mannschaft in der 1. Bundesliga habe ich früh gelernt, wie wichtig Stress für High-Performance ist. Das Wissen aus meinem Psychologiestudium hilft mir, das Verhalten von Menschen im Umgang mit Stress besser zu verstehen. Außerdem habe ich selbst erlebt, dass Stress nicht nur förderlich sein kann. Während meines Studiums kam ich in einen Teufelskreis aus Selbstzweifeln, Panik- und Fressattacken, aus dem ich mich selbst herausziehen konnte, weil ich mich intensiv mit Stressbewältigung beschäftigt und meine eigene Stresskompetenz ausgebaut habe. Das Thema Stress ist vor allem in der westlichen Gesellschaft ein riesen Thema, da über 50% der Krankheiten wie Rückenschmerzen, Kopfschmerzen und viele psychische Erkrankungen eng mit Stress verbunden sind. Daher ist es so wichtig, dass Menschen sich mit Stress beschäftigen und ihre Stresskompetenz stärken, um zu lernen, mit Druck und Anspannung so umzugehen, dass Gesundheit, Leistungsfähigkeit und Lebensqualität dauerhaft gesichert sind.

Was ist Stress?

- *Stress ist ein Thermostat für Wichtigkeit. Alles, was Dir wichtig ist, kann Dich stressen. Beispielsweise ein wichtiges Meeting, eine Präsentation oder ein Auftritt.*
- *Stress kommt nicht von außen, sondern von innen und damit aus Dir selbst heraus. Denn er wird maßgeblich von Deinen Erwartungen und Bewertungen beeinflusst.*
- *Es gibt positiven Stress, der Dir Höchstleistungen ermöglicht. Und es gibt negativen Stress, der Dich psychisch und körperlich belastet und Dir die Energie raubt.*
- *Ein gesunder Umgang mit Stress folgt einer Rhythmik aus Anspannung und Entspannung im Wechsel. Wenn Du nachhaltig High-Performance abrufen willst, brauchst Du Entspannung als Gegenpol zur Anspannung.*

Wie kannst Du mit Stress besser umgehen?

- *Welche Lebensbereiche sind Dir aktuell am wichtigsten? Akzeptiere, dass Du nicht überall 100% geben kannst und priorisiere, für welche Bereiche Du Deine Energie aufwenden willst.*
- *Frage Dich nach Deiner Motivation. Warum willst du mehr über gesunde Stressbewältigung lernen? Für beispielsweise besseren Schlaf, bessere Leistung oder eine bessere Gesundheit?*
- *Dein Kalender ist sicher voll mit "Anspannungsterminen". Plane Dir feste Entspannungstermine ein. Bewegung und Sport sind die beste Möglichkeit, um Stress gezielt abzubauen.*
- *Wenn Du das nächste Mal gestresst bist, schreibe auf aufgrund welcher Erwartungen Du gestresst bist. Stresst Dich die Gegenwart oder die Zukunft? Kommt der Stress von innen oder von außen? Was kannst Du dagegen tun?*
- *Trenne Deine Leistung vom Ergebnis. Deine Leistung kannst Du beeinflussen. Das Ergebnis nicht, wenn es von einer Außenwahrnehmung abhängt. Also warum stressen lassen?*
- *Lerne, Stress in Situationen zu akzeptieren, in denen Du nichts gegen ihn machen kannst.*
- *Sei proaktiv und übernehme Verantwortung für Deinen Umgang mit Stress. Dann wirst Du die Vorteile wie mehr Lebensfreude, ein höheres Energielevel und bessere Gesundheit genießen können.*

MORGEN

__.__.____

M D M D F S S

DANKBARKEIT

POSITIVE SELBSTBEKRÄFTIGUNG

PRIORITÄT DES TAGES

DENKANSTOSS

„Dein ruhiger Geist ist die ultimative Waffe gegen deine Herausforderungen. Also entspann dich.“
- Bryant McGill

MORGENROUTINE

Aufstehzeit

:

Routine

ABEND

ERFOLGE DES TAGES

ERKENNTNISSE DES TAGES

DAS MACHE ICH MORGEN BESSER

DARAUF FREUE ICH MICH MORGEN

ABENDROUTINE

Schlafenszeit :

Routine

MORGEN

—.—.——

M D M D F S S

DANKBARKEIT

POSITIVE SELBSTBEKRÄFTIGUNG

PRIORITÄT DES TAGES

DENKANSTOSS

„Verlorene Zeit wird nie wieder gefunden."
- Benjamin Franklin

MORGENROUTINE

Aufstehzeit

:

Routine

ABEND

ERFOLGE DES TAGES

ERKENNTNISSE DES TAGES

DAS MACHE ICH MORGEN BESSER

DARAUF FREUE ICH MICH MORGEN

ABENDROUTINE

Schlafenszeit
:

Routine

MORGEN

—·—·——

M D M D F S S

DANKBARKEIT

POSITIVE SELBSTBEKRÄFTIGUNG

PRIORITÄT DES TAGES

DENKANSTOSS

„Es tut auch gut, Spaziergänge draußen zu machen, damit unsere Geister durch die frische Luft und frische Brise erheitert und erfrischt werden." - Seneca

MORGENROUTINE

Aufstehzeit

:

Routine

ABEND

ERFOLGE DES TAGES

ERKENNTNISSE DES TAGES

DAS MACHE ICH MORGEN BESSER

DARAUF FREUE ICH MICH MORGEN

ABENDROUTINE

Schlafenszeit :

Routine

MORGEN

_ . _ . __

M D M D F S S

DANKBARKEIT

POSITIVE SELBSTBEKRÄFTIGUNG

PRIORITÄT DES TAGES

DENKANSTOSS

„Das Perfekte ist der Feind des Guten." - Voltaire

MORGENROUTINE

Aufstehzeit

:

Routine

ABEND

ERFOLGE DES TAGES

ERKENNTNISSE DES TAGES

DAS MACHE ICH MORGEN BESSER

DARAUF FREUE ICH MICH MORGEN

ABENDROUTINE

Schlafenszeit :

Routine

WOCHEN **ABSCHLUSS**

TOP 3 **ERFOLGE**

____

____

____

TOP 3 **ERKENNTNISSE**

____

____

____

DAS MACHE ICH **NÄCHSTE WOCHE BESSER**

____

____

REFLEKTION DER **CHALLENGES**

PRIORITÄTEN _______________

____

____

PAUSEN _______________

____

____

PUNKTZAHL **/ 2**

WOCHEN **AUSBLICK**

MO

DI

MI

DO

FR

SA

SO

LEVEL 5

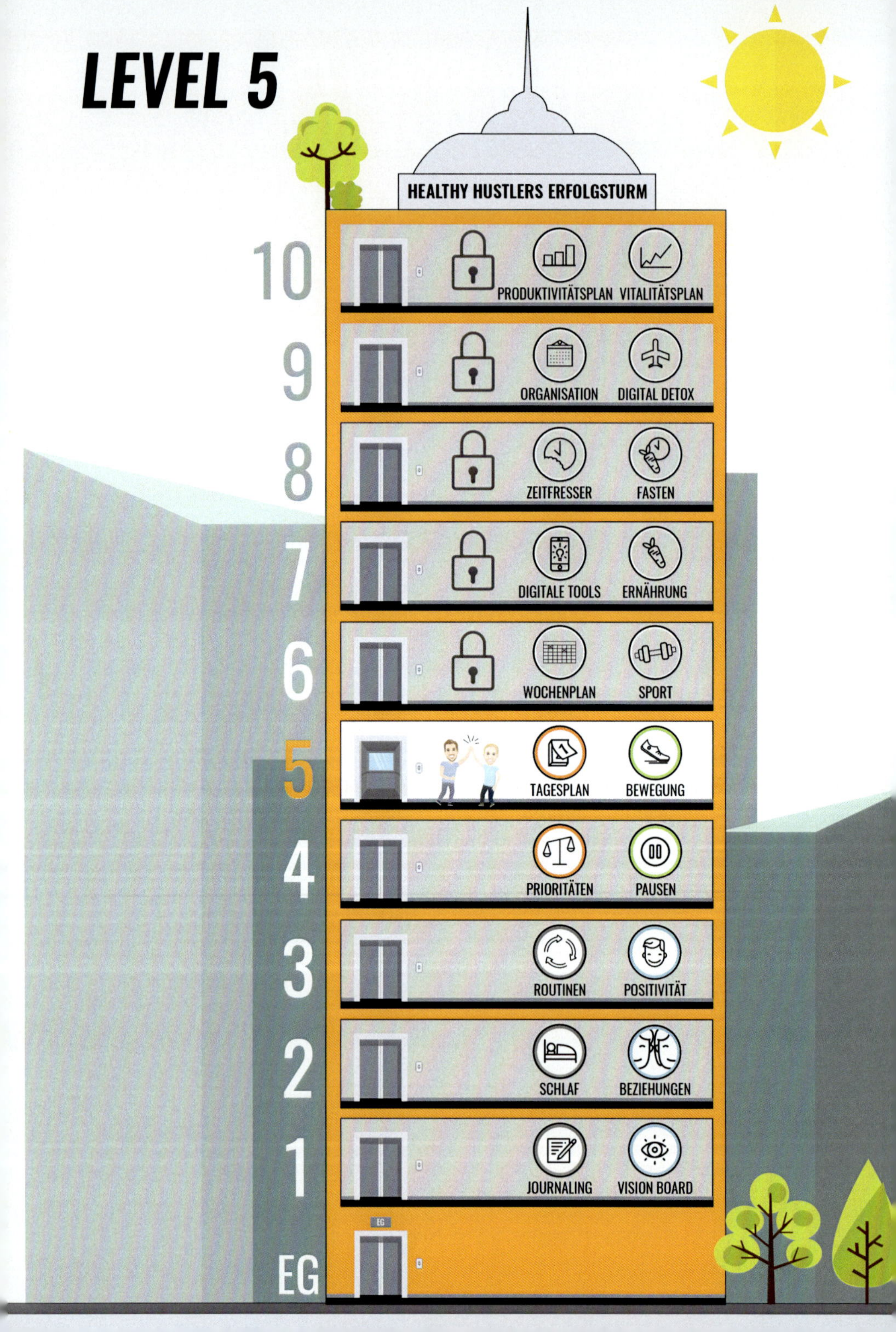

HEALTHY HUSTLERS ERFOLGSTURM
10
PRODUKTIVITÄTSPLAN
VITALITÄTSPLAN
9
ORGANISATION
DIGITAL DETOX
8
ZEITFRESSER
FASTEN
7
DIGITALE TOOLS
ERNÄHRUNG
6
WOCHENPLAN
SPORT
5
TAGESPLAN
BEWEGUNG
4
PRIORITÄTEN
PAUSEN
3
ROUTINEN
POSITIVITÄT
2
SCHLAF
BEZIEHUNGEN
1
JOURNALING
VISION BOARD
EG

PRODUKTIVITÄT: **TAGESPLAN**

Du hast gelernt Prioritäten zu setzen und wie effektiv die Priorität des Tages ist, um Deinen Zielen näher zu kommen. Jetzt darfst Du Dich mit einem Thema befassen, das essenziell ist, um langfristig erfolgreich zu sein. Hast Du Dich schon mal gefragt, warum bestimmte Kollegen oder Freunde innerhalb eines Tages das erledigen, was andere in drei Tagen nicht hinbekommen? Und sie scheinen sogar noch mehr Zeit für die wirklich wichtigen Dinge wie Familie und Freunde zu haben. Das Zauberwort ist Planung. Deine Tage immer wieder, jeden Tag aufs Neue zu planen und damit eine Verbindlichkeit vor Dir selbst zu schaffen.

Denn was passiert, wenn Du das nicht tust? Du lebst in den Tag hinein und bist reaktiv statt proaktiv, Du setzt Deine Prioritäten nicht selbst, sondern sie werden für Dich gesetzt.

Für eine effektive Tagesplanung ist es wichtig, in Anbetracht der Vielzahl an Aufgaben nicht den Überblick zu verlieren. Deshalb stellen wir Dir eine Methode vor, die Dir dabei hilft, Aufgaben zu priorisieren und sie damit zu ordnen. Erfunden hat sie der amerikanische Präsident Dwight David Eisenhower, weshalb sie seinen Namen trägt.

DIE EISENHOWER-**MATRIX**

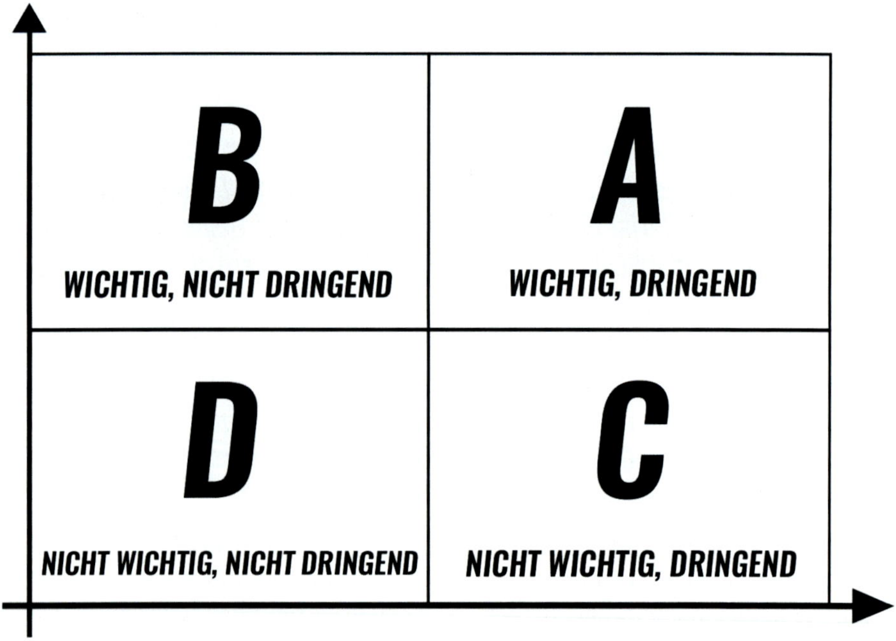

Wichtig + dringend (A)
Kennst Du die Metapher des Feuerlöschers im Bezug auf diese Kategorie? Aufgaben sind so dringend und wichtig, das sie förmlich brennen und Du sie löschen darfst. Leider haben diese Aufgaben meist eine unmittelbare Deadline, weshalb Du sie nur begrenzt aufschieben kannst und daher zeitnah erledigen solltest. Z.B. plötzlich auftretende Kundenprobleme, die Vorbereitung für ein spontanes Meeting mit Deinen obersten Chefs oder die überfällige Steuererklärung.

Wichtig, nicht dringend (B)
Hier lässt sich meist die Priorität des Tages einordnen. Denn sie hat oft keine unmittelbare Deadline, bringt uns unseren Zielen jedoch ein großes Stück näher. Genau das ist der Grund, warum wir sie oft aufschieben, da der Handlungsdruck nicht groß genug ist. Für diese Aufgaben solltest Du ausreichend Zeit in Deinem Tagesplan reservieren. Aber auch alles, das die persönliche Entwicklung und Weiterbildung betrifft wie beispielsweise Familie und Freunde, Auszeiten oder ein Online-Kurs..

Nicht wichtig, aber dringend (C)
Das sind die Aufgaben, die Dich von Deiner Arbeit abhalten und damit Deine kostbare Zeit fressen. Wenn Du die Möglichkeit hast, solltest Du einen Großteil dieser Aufgaben delegieren. Wenn Du sie selbst erledigen musst, dann prüfe, ob Du es in unter 2 Minuten schaffst. Wenn dem so ist, dann erledige die Aufgabe umgehend, damit Du sie nicht noch ein zweites Mal anfassen musst.

Nicht wichtig + nicht dringend (D)
Was nicht wichtig und nicht dringend ist, kannst Du getrost von Deiner To-do-Liste streichen und so lange damit warten, bis alles andere erledigt ist. Z.B. unwichtige E-Mails oder Anrufe, nette Ablenkung durch Kollegen oder bestimmte Nachrichten bei Whatsapp.

So wendest Du die Eisenhower-Matrix für Deine Tagesplanung an:

1. Nehme Dir für den Anfang am besten ein Blatt Papier zur Hand. So kannst Du sie einfach nachzeichnen.
2. Trage alle Deine Aufgaben für den Tag in die entsprechenden Quadranten (A-D) der Matrix ein.
3. Bestimme Deine Priorität des Tages. Nachdem Du das im letzten Level gelernt hast, sollte es Dir hier leichter fallen.
4. Ergebnis: Die Matrix ist mit allen Aufgaben des Tages befüllt und die Priorität des Tages bestimmt.

So geht es mit der Tagesplanung weiter:

5. *Zeichne auf dasselbe Blatt Papier einen Stundenplan, in dem Du genug Platz hast, um Termine und Aufgaben einzutragen.*
6. *Falls Du einen Kalender führst (papierhaft oder digital) schaue Dir an, welche Termine für diesen Tag anstehen. Die fixen Termine überträgst Du in Deinen Stundenplan. Das ist wichtig, um einen Überblick zu bekommen, wie viel Zeit Dir für die Aufgaben in der Eisenhower-Matrix noch bleibt.*
7. *Trage in die verbleibende freie Zeit die Aufgaben aus der Eisenhower-Matrix ein.*
    a. *Am Vormittag die Priorität des Tages aus der Kategorie "wichtig, nicht dringend (B)"*
    b. *Danach Aufgaben aus der Kategorie "wichtig + dringend (A)"*
    c. *Im Idealfall hebst Du Aufgaben aus "nicht wichtig, aber dringend (C)" bis zum Ende des Tages auf, sofern sie sich nicht direkt innerhalb von 2 Minuten erledigen lassen*
8. *Ergebnis: Die Aufgaben, die Du an diesem Tag erledigen willst, sind von der Eisenhower-Matrix in Deinen Stundenplan übertragen und terminiert.*

Zu beachten:

- *Am besten erledigst Du die Tagesplanung schon am vorherigen Abend. Dann kannst Du entspannt in den nächsten Tag starten.*
- *Im Laufe des Tages kommen oft unvorhergesehene Aufgaben auf, die nicht in der Tagesplanung berücksichtigt wurden. Deshalb ist es wichtig, dass Du ausreichend Pufferzeiten einplanst. Überlege bei neuen Aufgaben, in welchen Quadranten der Eisenhower-Matrix sie passen und plane sie entsprechend in Deinen Stundenplan ein.*
- *Neben Pufferzeiten auch auf ausreichend Pausen achten. Wie Du bereits gelernt hast, fördert ein kleiner Spaziergang zwischendurch die Konzentration und macht Dich produktiver.*
- *Plane unbedingt auch Deine Freizeitaktivitäten nach der Arbeit ein. Denn wenn Du das Treffen mit einem Freund oder das Fitnessstudio nicht terminierst, ist die Chance hoch, dass Du es nicht machst.*
- *Ähnliche Aufgaben am besten zusammenfassen und in Blöcken abarbeiten (z.B. mehrere Telefonate hintereinander führen).*

- *Im Laufe des Tages immer wieder auf den Stundenplan schauen, um erledigte Aufgaben abzuhaken und nichts zu vergessen.*
- *Am Ende des Tages überprüfen, ob Du Deine Tagesplanung einhalten und erfolgreich abschließen konntest. Falls nicht darfst Du analysieren, an welchen Stellen Du besser planen kannst.*

Falls Dir dieses Vorgehen auf den ersten Blick komplex erscheint, ist das völlig normal. Wie mit allen neuen Techniken brauchen wir Übung, um besser und schneller zu werden und es ist immer nur eine Frage der Zeit, bis Du sie in eine Gewohnheit überführt hast und sie damit fast von selbst passiert. Nach einer Weile wirst Du die Eisenhower-Matrix auch nicht mehr brauchen, da Du ein gutes Gefühl für die Priorisierung von Aufgaben entwickelt hast. Dann reicht es aus, mit einem Stundenplan bzw. einem Kalender und einer To-do-Liste zu arbeiten.

! BUCHEMPFEHLUNG:
GETTING THINGS DONE VON DAVID ALLEN

TAGESPLAN-CHALLENGE

Plane Deinen nächsten Tag entsprechend der beschriebenen Abfolge von der Eisenhower-Matrix bis zum Stundenplan.

THOMAS MANGOLD

AUTOR, TRAINER UND COACH FÜR SELBSTMANAGEMENT

„OPTIMIERE DEIN SELBSTMANAGEMENT, DAMIT DU MEHR ZEIT FÜR DIE WIRKLICH WICHTIGEN DINGE IM LEBEN HAST."

Nach meinem Studium war ich mehrere Jahre als Sozialpädagoge tätig und habe mir meinen Ausgleich zur 60 Stunden Woche als diplomierter Fußballtrainer geholt. Irgendwann wurde alles zu viel und ich beschäftigte mich intensiv mit den Themen Selbstmanagement und Zeitmanagement, um mich Schritt für Schritt besser zu organisieren. Daraus entstand dann ein Blog, mein erstes eigenes Buch und ein Podcast. Seit 2016 gebe ich mein Wissen auch als Coach und Trainer für Firmen und Privatpersonen weiter und helfe ihnen dabei, ihr Leben effizienter und produktiver zu gestalten.

Aus meinen eigenen Erfahrungen habe ich gelernt, dass bessere Selbstorganisation die eigene Effektivität und Effizienz mehr als verdoppeln kann und somit ein höheres Arbeitspensum bewältigt werden kann. Mit den richtigen Methoden und Strategien kommst Du nicht nur schneller voran, sondern bist auch weniger gestresst und beugst damit Krankheiten und Burnout vor. Und das Beste: Ein optimales Selbstmanagement verschafft Dir mehr Zeit für die wirklichen wichtigen Dinge im Leben wie Freunde und Familie.

Selbstmanagement

- *Umfasst nicht nur das klassische Zeitmanagement, sondern betrachtet alle Aspekte Deiner Organisation und wie Du Deinen Arbeitstag bewusst in die Hand nehmen kannst. Dazu gehören auch mentale Stärke, Gewohnheiten und der Einsatz von digitalen Tools.*
- *Wichtig ist, dass Du nicht nur konsumierst, sondern Techniken und Tools ausprobierst und so die Transformation in Deinen Alltag schaffst.*
- *Selbstmanagement ist ein Marathon und kein Sprint. Es braucht Kraft und Zeit, bis sich gute Gewohnheiten etabliert haben.*

Top Produktivitäts-Tipps

- *Die einfachste To-do Liste der Welt: 6 Aufgaben für jeden Tag vornehmen, sie nach Wichtigkeit ordnen und abarbeiten. Was nicht geschafft wird, kommt auf die Liste des nächsten Tages.*
- *Prioritäten setzen. Die unangenehmen Aufgaben am besten direkt am Anfang des Tages anpacken. Da bist Du am produktivsten und sorgst dafür, dass Du mit einem guten Gefühl alle anderen Aufgaben angehst.*
- *Etabliere feste Fokus-Zeiten: Vermeide für mindestens zwei Stunden am Stück jegliche Störungen. Denn es dauert circa 10 Minuten, bis Du nach einer Unterbrechung wieder fokussiert arbeiten kannst.*

Top Vitalitäts-Tipps

- *Plane Deine Regenerationszeiten: Von Pausen über Sport, Treffen mit Freunden bis hin zu Urlauben – nur wenn wir den Ausgleich priorisieren, findet er statt und wir können nachhaltig unsere Leistung abrufen.*
- *Sport als Vitalitäts-Booster: Du baust Stress ab und kannst optimal abschalten, um danach wieder durchzustarten oder einfach den Feierabend zu genießen.*
- *Power Naps: Ein Kurzschlaf von 10-20 Minuten während dem Tag steigert Deine Leistungsfähigkeit und sorgt für neue Energie.*

MORGEN

_._._____

M D M D F S S

DANKBARKEIT

POSITIVE SELBSTBEKRÄFTIGUNG

PRIORITÄT DES TAGES

DENKANSTOSS

„Versäumen zu planen ist planen zu scheitern.“
- Allen Lakein

MORGENROUTINE

Aufstehzeit

:

Routine

ABEND

ERFOLGE DES TAGES

ERKENNTNISSE DES TAGES

DAS MACHE ICH MORGEN BESSER

DARAUF FREUE ICH MICH MORGEN

ABENDROUTINE

Schlafenszeit

:

Routine

MORGEN

__.__.____

M D M D F S S

DANKBARKEIT

POSITIVE SELBSTBEKRÄFTIGUNG

PRIORITÄT DES TAGES

DENKANSTOSS

„Nehme Dir Zeit für Planung: Kriege werden im Zelt des Generals gewonnen.“ - Stephen R. Covey

MORGENROUTINE

Aufstehzeit

:

Routine

ABEND

ERFOLGE DES TAGES

ERKENNTNISSE DES TAGES

DAS MACHE ICH MORGEN BESSER

DARAUF FREUE ICH MICH MORGEN

ABENDROUTINE

Schlafenszeit :

Routine

VITALITÄT: **BEWEGUNG**

Uns allen ist bewusst, wie wichtig Sport und Bewegung für unsere Gesundheit und Lebensenergie ist. Dennoch fällt es vielen Menschen schwer, in die Umsetzung zu kommen und sich ausreichend zu bewegen. Wie eine 20-jährige Studie der Harvard School of Public Health zeigt, sterben weltweit jährlich 5,3 Millionen Menschen aufgrund von mangelnder Bewegung.[1] Ist das nicht verrückt? Auch wenn wir bereits regelmäßig Sport treiben, nimmt dies lediglich einen kleinen Teil unseres Tages ein und wirkt sich daher nur marginal auf unser Bewegungspensum aus. Unsere Körper haben sich längst nicht an unseren sesshaften Lebensstil angepasst und die gesundheitlichen Risiken wie Rückenleiden, Diabetes oder Korpulenz steigen mit dem Mangel an Bewegung. Haben wir den ganzen Tag gesessen, schafft es auch der Sport nicht mehr die Risiken des Dauersitzens auszugleichen.[2] Uns ist es daher wichtig, unseren Tag punktuell immer wieder mit kleinen Anstrengungen und Bewegungseinheiten zu versehen, um den empfohlenen 30 Minuten moderater körperlicher Betätigung (Aktivitäten währenddessen noch gesprochen, jedoch nicht mehr gesungen werden kann) oder auch der empfohlenen Anzahl von 10.000 Schritten nachzukommen.[3,4] Denn sobald wir in Bewegung sind, wird das Stresshormon Cortisol abgebaut, es werden Endorphine ausgeschüttet und unser Herz pumpt Sauerstoff in unser Gehirn.[5] Das sorgt für gute Laune und neue Energie. Dafür genügen bereits 150 Minuten pro Woche, um das Sterberisiko um 20 Prozent zu senken, wie die bisher größte Studie zu körperlicher Aktivität mit 130.000 Teilnehmern aus 17 Ländern zeigt, die dafür über 7 Jahre begleitet wurden.[6] Wir hoffen, dass diese Fakten ausreichen, um Dich zu motivieren, Dein Bewegungspensum auf den Prüfstand zu stellen.

Bei unseren täglichen Bewegungseinheiten achten wir darauf, dass sie keinen großen Aufwand verursachen oder viel Zeit beanspruchen. Denn die meisten Tätigkeiten lassen sich ohnehin mit Bewegung verbinden. Oft stehen wir nämlich vor einer der folgenden Entscheidungen:

- *Radfahren /Laufen oder öffentliche Verkehrsmittel/Auto nutzen*
- *Treppen steigen oder Aufzug fahren*
- *Im Sitzen oder im Stehen arbeiten*
- *Ein Meeting / ein Telefonat im Sitzen oder beim Spazieren abhalten*
- *Nachmittags einen kurzen Spaziergang machen oder einen Kaffee trinken*
- *Nur kurz, aber überhaupt zum Sport gehen oder stattdessen das Training verschieben*
- *Selbst kochen oder Essen bestellen / ein Fertiggericht in den Ofen schieben*

BEWEGUNGS-CHALLENGE

Entscheide Dich für diese Challenge einen Tag lang immer ganz bewusst für die Fortbewegungs-Variante oder Möglichkeit auf der Arbeit, bei der Du Dich am meisten bewegen kannst.

Das bedeutet konkret, dass Du unseren o.g. Empfehlungen folgst und zudem am besten nie mehr als eine Stunde am Stück im Sitzen verbringst. Idealerweise schaffst Du es, Dich über den Tag mindestens 40 Minuten mit moderater Intensität zu bewegen. Rechne dafür am Ende des Tages einfach zusammen, wie viele Minuten es tatsächlich waren (Sporteinheiten zählen wie beschrieben nicht dazu). Ganz viel Spaß beim Bewegen!

BENJAMIN JAKSCH

SYSTEMISCHER COACH UND PERSONAL TRAINER

MOVMORE

„BEWEGUNG KANN SO VIEL MEHR, ALS DICH ZUM SCHWITZEN ZU BRINGEN. SIE HILFT DIR DABEI, DICH SELBST BESSER KENNENZU-LERNEN UND BESSERE ENTSCHEIDUNGEN ZU TREFFEN."

Vor etwa 6 Jahren begann der Prozess bei mir selbst. Damals arbeitete ich in der Elektrotechnik-Branche als Produktmanager. Ich bekam Lob von allen Seiten, schien also meinen Job gut zu machen. Als ich mit Parkour anfing, begann sich mein Bild von der Welt und von mir selbst radikal zu ändern. Durch die besondere Art der Bewegung erfinde ich mich selbst wieder und wieder neu, lerne mit meinen Ängsten umzugehen und sammle ständig neue Erfahrungen über mich. Mittlerweile fällt es mir leicht, Entscheidungen aus dem Bauch heraus zu treffen, weil ich mich selbst viel besser kenne. Ich reagiere kreativer und flexibler auf Herausforderungen und handle automatisch authentischer. Nur so war es mir möglich, einen komplett neuen Weg als Coach und Trainer einzuschlagen. Du selbst kannst den Einstieg finden, indem Bewegung Stück für Stück zum festen Bestandteil Deines Alltags wird. Denn obwohl wir 24 Stunden unseres Tages in unserem Körper verbringen, leben wir meist doch ein sehr passives, unbewegtes Leben. Es passiert eher etwas mit unserem Körper, als dass wir aktiv etwas mit ihm tun. Sobald Du anfängst, bewusster mit deinem Körper umzugehen, wirst Du Dich wohler, ausgeglichener und selbstbewusster fühlen. Und dabei muss die Änderung noch nicht mal so radikal sein, fang lieber mit kleinen Schritten an.

- *Nimm Dir kleine Bewegungspausen oder -aufgaben nach Gewohnheiten vor, die Du ohnehin mehrmals am Tag ausführst: Zum Beispiel zur Toilette gehen oder einen Kaffee holen. Aus der Verhaltensforschung ist bekannt, dass sich so neue Gewohnheiten viel schneller festigen. Also zum Beispiel: „Immer, wenn ich mir einen Kaffee hole, dehne ich mich danach für 2-3 Minuten."*
- *Wenn Du unmittelbar mit Kollegen zusammenarbeitest, sprich mit ihnen über Dein Vorhaben, Dich mehr zu bewegen. Vielleicht könnt ihr euch gegenseitig dabei unterstützen und zu mehr Bewegung anspornen. Ansonsten wirst Du für eine Bewegungspause immer fragende Blicke ernten.*
- *Die meiste Zeit unseres Alltags verbringen wir in der Arbeit. Wenn es Deine Arbeit erlaubt, versuche nicht länger als 30 Minuten in einer Position zu bleiben. Du kannst Dir anfangs einen Timer setzen. Wenn der abgelaufen ist, stehst Du auf, holst Dir ein Glas Wasser, führst ein Telefonat oder sprichst direkt mit einem Kollegen.*
- *Hab Spaß! Nichts ist so langweilig oder so mühsam wie eine neue Gewohnheit, die Dir keine Freude bereitet. Vielleicht wolltest Du ja schon seit einer Weile jonglieren lernen oder Du tanzt furchtbar gerne. Alles Dinge, die man im Alltag unterbringen kann. Je mehr Freude Du daran hast, desto leichter wird es Dir fallen, es wirklich durchzuziehen.*
- *Setze Dir kleine Ziele, einen immer größeren Teil Deines Arbeitsweges zu Fuß oder mit dem Rad zurückzulegen. Fährst Du öffentlich? Dann steig einfach auf dem Weg zur Arbeit oder auf dem Heimweg eine Station früher aus. Du wirst entspannter in den Tag starten und erholter zu Hause ankommen.*
- *Ganz wichtig: Sieh es nicht als Zwang an, sondern freunde Dich damit an, dass Du die Möglichkeit hast, Dich auf Deinem Arbeitsweg zu bewegen und an der frischen Luft zu sein.*
- *Verabredest Du Dich gerne mit Freunden? Wenn Du das nächste Mal einen Freund oder eine Freundin triffst, dann verabredet euch zu einem Spaziergang. Im Gehen ist unser Gehirn viel aktiver als im Sitzen, Du wirst den Unterschied in eurem Gespräch merken. Friedrich Nietzsche hat schon gesagt: „Trau niemals einer Idee, die Dir im Sitzen gekommen ist."*
- *Mache Dir die Psychologie der Erfolgserlebnisse zu Nutze. Wenn Du das Ziel hast, Dich mehr bewegen zu wollen, konkretisiere was das für Dich bedeutet. Setze Dir Zwischenziele, die Du erreichen kannst und in regelmäßigen Abständen (z.B. wöchentlich) überprüfst. So kannst Du Erfolgserlebnisse feiern, die gleichzeitig Deine Motivation steigern.*

MORGEN

__ . __ . ____

M D M D F S S

DANKBARKEIT

POSITIVE SELBSTBEKRÄFTIGUNG

PRIORITÄT DES TAGES

DENKANSTOSS

Wie oft willst Du Dich heute bewusst und aktiv bewegen?

MORGENROUTINE

Aufstehzeit

:

Routine

ABEND

ERFOLGE DES TAGES

ERKENNTNISSE DES TAGES

DAS MACHE ICH MORGEN BESSER

DARAUF FREUE ICH MICH MORGEN

ABENDROUTINE

Schlafenszeit :

Routine ☐

MORGEN

—.—.——

M D M D F S S

DANKBARKEIT

POSITIVE SELBSTBEKRÄFTIGUNG

PRIORITÄT DES TAGES

DENKANSTOSS

„Gute Planung ohne gute Arbeit ist nichts."
- Dwight D. Eisenhower

MORGENROUTINE

Aufstehzeit

:

Routine

ABEND

ERFOLGE DES TAGES

ERKENNTNISSE DES TAGES

DAS MACHE ICH MORGEN BESSER

DARAUF FREUE ICH MICH MORGEN

ABENDROUTINE

Schlafenszeit

:

Routine

MORGEN

__ . __ . ____

M D M D F S S

DANKBARKEIT

POSITIVE SELBSTBEKRÄFTIGUNG

PRIORITÄT DES TAGES

DENKANSTOSS

„Der größte Reichtum ist Gesundheit." - Virgil

MORGENROUTINE

Aufstehzeit

:

Routine

ABEND

ERFOLGE DES TAGES

ERKENNTNISSE DES TAGES

DAS MACHE ICH MORGEN BESSER

DARAUF FREUE ICH MICH MORGEN

ABENDROUTINE

Schlafenszeit :

Routine ☐

MORGEN

__ . __ . ______

M D M D F S S

DANKBARKEIT

____

____

____

POSITIVE SELBSTBEKRÄFTIGUNG

____

____

____

PRIORITÄT DES TAGES

____

DENKANSTOSS

Was kannst Du tun, um realistischer zu planen?

MORGENROUTINE

Aufstehzeit: __ : __

Routine ☐

ABEND

ERFOLGE DES TAGES

ERKENNTNISSE DES TAGES

DAS MACHE ICH MORGEN BESSER

DARAUF FREUE ICH MICH MORGEN

ABENDROUTINE

Schlafenszeit :

Routine ☐

MORGEN

__.__.____

M D M D F S S

DANKBARKEIT

POSITIVE SELBSTBEKRÄFTIGUNG

PRIORITÄT DES TAGES

DENKANSTOSS

„Das Leben ist wie Fahrradfahren. Um die Balance zu halten, musst Du in Bewegung bleiben.“ - Albert Einstein

MORGENROUTINE

Aufstehzeit

:

Routine

ABEND

ERFOLGE DES TAGES

ERKENNTNISSE DES TAGES

DAS MACHE ICH MORGEN BESSER

DARAUF FREUE ICH MICH MORGEN

ABENDROUTINE

Schlafenszeit :

Routine

WOCHEN **ABSCHLUSS**

TOP 3 **ERFOLGE**

___

___

___

TOP 3 **ERKENNTNISSE**

___

___

___

DAS MACHE ICH **NÄCHSTE WOCHE BESSER**

___

___

REFLEKTION DER **CHALLENGES**

TAGESPLAN ___

___

___

BEWEGUNG ___

___

___

PUNKTZAHL   **/ 2**

WOCHEN **AUSBLICK**

MO

DI

MI

DO

FR

SA

SO

*„ZIELE AUF DEN HIMMEL,
ABER BEWEGE DICH
LANGSAM, GENIESSE JEDEN
SCHRITT AUF DEM WEG.*
***ES SIND ALL DIESE
KLEINEN SCHRITTE, DIE
DIE REISE
VERVOLLSTÄNDIGEN.“***

- CHANDA KOCHHAR

DIE HÄLFTE IST GESCHAFFT!

WOW!

Dein Aufbau eines starken Fundaments für nachhaltigen Erfolg dauert nun schon fünf Wochen an. Du scheinst es wirklich ernst zu meinen! Respekt, dass Du bis hierhin durchgehalten hast. Vieles, was Dich zu Beginn noch Überwindung gekostet hat, ist mittlerweile hoffentlich ein wenig leichter geworden.

Wie Du gelernt hast dauert es im Durchschnitt 66 Tage, bis aus Routinen Gewohnheiten werden. Wir hoffen dennoch, dass Du Dein Leben durch neue Routinen bereits ein kleines Stück verbessern konntest und Du zudem Gefallen an unseren Impulsen aus den Bereichen Produktivität, Vitalität und mentale Stärke gefunden hast. Da du bereits die Hälfte der Zeit drangeblieben bist, sind wir uns sicher, dass Du die verbleibenden fünf Wochen auch noch meistern wirst. Weiterhin viel Spaß!

LEVEL 6

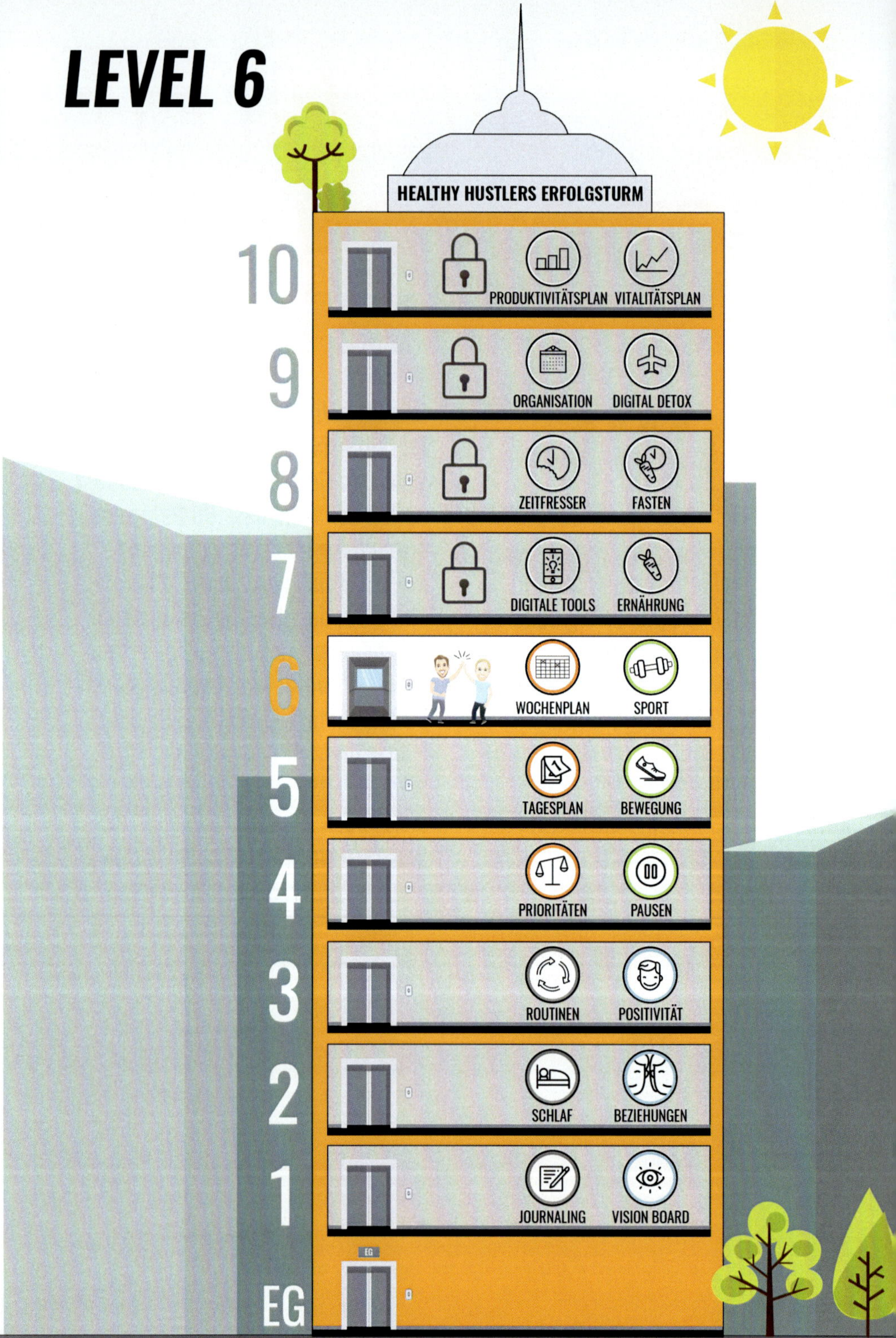
HEALTHY HUSTLERS ERFOLGSTURM
10
PRODUKTIVITÄTSPLAN
VITALITÄTSPLAN
9
ORGANISATION
DIGITAL DETOX
8
ZEITFRESSER
FASTEN
7
DIGITALE TOOLS
ERNÄHRUNG
6
WOCHENPLAN
SPORT
5
TAGESPLAN
BEWEGUNG
4
PRIORITÄTEN
PAUSEN
3
ROUTINEN
POSITIVITÄT
2
SCHLAF
BEZIEHUNGEN
1
JOURNALING
VISION BOARD
EG
EG

PRODUKTIVITÄT: **WOCHENPLAN**

Was ist der logische nächste Schritt, nachdem Du Dir einen Tagesplan erstellt hast? Richtig, jetzt ist der Wochenplan dran. Die Tagesplanung ist wichtig, um möglichst effizient und effektiv Aufgaben zu bearbeiten. Der Wochenplan hingegen sorgt dafür, dass Du die Vogelperspektive einnimmst und Deine Ziele nicht aus den Augen verlierst. Denn neben beruflichen Zielen hast Du sicher auch private Ziele, die Du ganzheitlich in Deinem Zeitmanagement betrachten willst. Noch einen Schritt weiter ginge die Monats- bzw. Jahresplanung. Doch wir möchten Dir nicht zu viel auf einmal zumuten und uns auf die Wochenplanung fokussieren.

Du darfst Dir den Wochenplan wie einen Rahmen vorstellen, der sich um Dein Leben spannt. Für die meisten von uns besteht ein Wochenplan zum größten Teil aus Arbeitszeit, die wir teilweise mehr teilweise weniger flexibel planen können. Doch alles, was außerhalb Deiner Arbeitszeit in Deiner Freizeit passiert, kannst Du komplett frei bestimmen. Wie Du in unserem Erfolgsmodell gesehen hast, ist "Ausgleich" ein Bestandteil der Vitalität. Ausgleich bedeutet für uns, sich neben der Arbeitszeit ausreichend Zeit für Hobbies, Freunde und Familie, Sport oder Entspannung zu nehmen. Genau dieser Ausgleich kommt oft zu kurz, weil wir ihn nicht hoch genug priorisieren oder ihn schlicht nicht einplanen. Neben den wichtigsten Aufgaben der verschiedenen Tage steht in diesem Kapitel der Ausgleich in Deinem Wochenplan im Vordergrund.

Im Folgenden erklären wir Dir beispielhaft an unserem Wochenplan, in welchen Strukturen wir arbeiten und wie wichtig uns der Ausgleich ist. Wir wissen, dass wir als Selbstständige sicherlich deutlich mehr Freiraum und Flexibilität genießen, als das für Angestellte der Fall ist. Deshalb darf jeder Angestellte diesen Wochenplan als Inspiration verstehen, um das ein oder andere als Impuls für den Arbeitsalltag mitzunehmen oder es seinen Kolleginnen und Kollegen oder seinem Chef vorzustellen, um gemeinsam die Vorteile zu genießen.

HEALTHY HUSTLERS WOCHENPLAN			
UHRZEIT	**MONTAG - FREITAG**	**SAMSTAG**	**SONNTAG**
06:30 - 07:30	*Morgenroutine*	*wir schlafen auch mal aus*	*Freizeit*
07:30 - 11:30	*Priorität des Tages*		
11:30 - 11:45	*Tagesplanung*	*Priorität des Tages*	
11:45 - 13:00	*Mittagessen und Spaziergang*		
13:00 - 15:00	*Daily Business*	*Daily Business*	
15:00 - 15:30	*Aktive Pause*		
15:30 - 17:00	*Daily Business*	*Freizeit*	
17:00 - 18:00	*Nachrichten*		
18:00 - 20:00	*Sport*		
ab 20:00	*Abendessen und Freizeit*		

Morgenroutine
Unsere Routine kennst Du bereits aus Level 3 und weißt, wie sehr sie uns zu einem positiven und energiegeladenen Start in den Tag verhilft.

Die Priorität des Tages
Wie Du in Level 4 gelernt hast, fokussieren wir uns auf die wichtigste Aufgabe des Tages, die uns langfristig nach vorne bringt.

Tagesplanung
Wir gehen unsere To-dos des Tages durch, priorisieren sie und werfen einen Blick auf den Kalender. Das verschafft Klarheit und es tauchen keine bösen Überraschungen auf. Und das kurz und knapp in 15 Minuten und stehend.

Mittagessen und Spaziergang
Wir ernähren uns nach dem Prinzip des intermittierenden Fastens, das Du in Level 8 kennenlernen wirst. Daher ist das Mittagessen die erste Mahlzeit des Tages, um während der Bearbeitung der Priorität des Tages nicht träge zu werden, da Verdauung eine Menge Energie beansprucht. Ein Spaziergang ist Pflicht, um sich ausreichend zu bewegen.

Daily Business
In den beiden Daily Business Einheiten bearbeiten wir vor allem Aufgaben aus der Kategorie "wichtig + dringend" und "nicht wichtig, aber dringend", die Du aus Deiner Tagesplanung kennst.

Aktive Pause
Zwischen beiden Daily Business Einheiten gibt es eine Pause, in der wir nichts mit geistiger Anstrengung tun. Einfach bewegen, vielleicht ein paar Dinge räumen, frische Luft am Fenster schnappen, meditieren oder eine Runde spazieren gehen. Außerdem gibt es einen gesunden Snack aus Obst und Nüssen, um Energie für den Sport am frühen Abend zu tanken.

Nachrichten
Ja, heutzutage braucht es ein eigenes Zeitfenster, um Nachrichten auf Whatsapp, Facebook oder auch Instagram zu beantworten. Wir lassen uns nicht mehr fremdbestimmen von Notifications, die auf unseren Smartphones erscheinen und uns aus dem Produktivitäts-Modus reißen. Deshalb liegt der volle Fokus in dieser Stunde darauf, jegliche Social-Media-Nachrichten und Mails zu beantworten. Gleiche Aufgaben zu bündeln ist übrigens ein klasse Produktivitäts-Hack, da Du sämt-

liche Apps und Mailprogramme viel seltener öffnen musst und Dir somit viel Zeit sparst.

Sport
Wir lieben Sport und seine positiven Effekte, die Du in diesem Level auch noch genauer kennenlernen wirst. Fast täglich steht Joggen, Krafttraining, Schwimmen, Radfahren, Yoga, Basketball oder jeglicher Sport zusammen mit Freunden auf der Agenda. Das gibt uns den optimalen Ausgleich und wir können abschalten.

Freizeit
Jeden Abend muss es ausreichend Zeit für persönliche Dinge geben, die wir fest einplanen und terminieren. Das kann ein Treffen mit Freunden sein, private To-dos abarbeiten oder sich gemütlich mit einem Buch auf die Couch legen. Egal wie, es sollte nicht mehr gehustled werden, damit wir nach einem anstrengenden Tag langsam zur Ruhe kommen.

Freizeit am Sonntag
Der Sonntag ist unser heiliger Tag, an dem wir kein bisschen arbeiten. Außer in absoluten Ausnahmefällen, z.B. als wir den ERFOLGSCOACH finalisiert haben. Es ist essenziell, dass wir neben dem täglichen Ausgleich durch Pausen und Bewegung auf wöchentlicher Basis für ausreichend Ausgleich sorgen. Wer sich das ganze Wochenende gerne ein straffes Freizeitprogramm auferlegt, darf das natürlich tun. Wir bevorzugen alles ruhig anzugehen, uns Zeit für uns zu nehmen, den ein oder anderen Ausflug einzubauen und soziale Kontakte zu pflegen.

WOCHENPLAN-CHALLENGE

Jetzt bist Du dran. Du hast gesehen, wie wir unsere Woche strukturieren und dass wir auf die Balance zwischen Arbeit und Ausgleich besonders viel Wert legen. Plane Deine kommende Woche wie folgt:

1. *Falls Du routiniert im Umgang mit einem Kalender bist, kannst Du den Wochenplan im papierhaften oder digitalen Kalender eintragen. Falls nicht empfehlen wir für den Anfang ein Blatt Papier oder das leere Template auf der folgenden Seite.*

2. *Trage alle fixen Termine (beruflich und privat) in Deinen Wochenplan von Montag bis Sonntag ein. Das gibt Dir Klarheit, wie viel Zeit Du noch zur Verfügung hast.*

3. *Trage alle flexiblen Termine in Deinen Wochenplan ein. Dazu gehört vorrangig der angesprochene Ausgleich, also Zeit für Dich und Zeit für Freunde und Familie.*

4. *Nachdem alle fixen und flexiblen Termine vermerkt sind, trägst Du für jeden Arbeitstag (also üblicherweise Mo-Fr) eine Priorität des Tages ein, die Du am Vormittag angehst.*

5. *Alle anderen kleineren Aufgaben, die keine Termine oder Priorität des Tages sind, sparst Du Dir für Deine Tagesplanung auf.*

ZEIT	MO	DI	MI

DO	FR	SA	SO

MORGEN

__.__.____

M D M D F S S

DANKBARKEIT

POSITIVE SELBSTBEKRÄFTIGUNG

PRIORITÄT DES TAGES

DENKANSTOSS

„Ein Ziel ohne Plan ist nur ein Wunsch."
- Antoine de Saint-Exupéry

MORGENROUTINE

Aufstehzeit :

Routine

ABEND

ERFOLGE DES TAGES

ERKENNTNISSE DES TAGES

DAS MACHE ICH MORGEN BESSER

DARAUF FREUE ICH MICH MORGEN

ABENDROUTINE

Schlafenszeit :

Routine

MORGEN

—.—.——

M D M D F S S

DANKBARKEIT

____

____

____

POSITIVE SELBSTBEKRÄFTIGUNG

____

____

____

PRIORITÄT DES TAGES

____

DENKANSTOSS

Wann hast Du Dich das letzte Mal vollkommen verausgabt?

MORGENROUTINE

Aufstehzeit

:

Routine

☐

ABEND

ERFOLGE DES TAGES

ERKENNTNISSE DES TAGES

DAS MACHE ICH MORGEN BESSER

DARAUF FREUE ICH MICH MORGEN

ABENDROUTINE

Schlafenszeit :

Routine

VITALITÄT: **SPORT**

Im Bewegungs-Kapitel haben wir bereits anklingen lassen, dass uns neben viel Bewegung auch regelmäßige Sporteinheiten wichtig sind. Diese sind nämlich nicht nur für eine gute körperliche Fitness entscheidend, sondern auch sehr förderlich für die geistige Fitness. Denn durch Sport wird die Neurogenese (Bildung von Nervenzellen) angeregt, was unsere Gedächtnisleistung deutlich verbessert. Wie Forschungsergebnisse der Harvard Medical School zeigen, werden wir durch regelmäßigen Sport zudem produktiver, da körperliche Aktivität die kognitive Leistungsfähigkeit durch die Steigerung der Effizienz unserer neuronalen Systeme erhöht.[1] Des Weiteren setzt Sport Endorphine frei, also Glückshormone, die sich positiv auf unsere Stimmung auswirken. Somit können selbst Menschen mit Depressionen oder Angststörungen durch Sport therapiert werden. Auch die Stressresistenz wird durch Sport erhöht, da körperliche Anstrengung Stress abbaut und der Körper lernt, besser mit Stress umzugehen. Daher ist eine ausgiebige Sporteinheit nach einem anstrengenden Arbeitstag besonders förderlich für unseren Ausgleich. Außerdem werden wir durch Sport selbstbewusster, da wir uns mehr zutrauen und uns fitter fühlen.[2]

Und abschließend noch eine besonders gute Nachricht: wie eine Gemeinschaftsstudie der Oregon State University und Bellarmine University mit 2.600 Teilnehmern gezeigt hat, können mindestens zweieinhalb Stunden Sport in der Woche die Schlafqualität um ganze 65 Prozent erhöhen (im Vergleich zur Kontrollgruppe ohne sportliche Aktivität).[3] Hierfür sollte die Zeitspanne zwischen Sport und Schlafenszeit jedoch möglichst weit ausgedehnt sowie am Abend nicht zu intensiv trainiert werden. Mit Ausdauersport erzielt man außerdem den besten Effekt für die Verbesserung der Schlafqualität.[4] So gut das auch alles klingt - es ist für viele Menschen leider nicht immer leicht sich zum Sport zu motivieren und dranzubleiben. Daher sollte man eine Sportart idealerweise nicht nur wegen der Optik und gesundheitlicher Vorteile ausüben, sondern vor allem, weil man Spaß daran hat. Zudem ist es ratsam das Training in regelmäßigen Abständen zu variieren und sich neue Ziele zu setzen. Diese Kombination führt dazu, dass wir eher eine intrinsische Motivation entwickeln.

Also die Art von Motivation, die uns auch noch längerfristig motiviert. Wir setzen zudem auf das Training mit dem eigenen Körpergewicht, da man dafür kein Equipment oder eine Fitnessstudio-Mitgliedschaft benötigt, Zeit spart und sehr flexibel in seiner Trainingsgestaltung ist. Das alles ermöglicht ein unkompliziertes Training, was ebenfalls die Chancen der Umsetzung erhöht.

! BUCHEMPFEHLUNG:
FIT OHNE GERÄTE
VON MARK LAUREN

SPORT-CHALLENGE

Diese Challenge unterteilt sich ausnahmsweise in zwei Gruppen: Menschen, die bereits sportlich aktiv sind und Menschen, die sich noch nicht für den Sport begeistern konnten.

Solltest du bereits sportlich aktiv sein, dann hinterfrage, ob es nicht einmal wieder Zeit für eine Änderung Deines Trainingsplans wäre. Überlege Dir zudem, wie Du Deine Sporteinheit wieder etwas abwechslungsreicher sowie spaßiger gestalten und Dich ein wenig mehr fordern kannst (bspw. durch neue sportliche Ziele). Solltest Du noch gar keinen Sport treiben, dann nimm Dir unbedingt die Zeit zu identifizieren, welche Sportart oder Art von Training Dir richtig Spaß machen könnte und probiere es einfach mal aus. Wenn Du das in der Vergangenheit bereits erfolglos getan hast, dann lass Dich nicht entmutigen und probiere an dieser Stelle dennoch mal wieder etwas Neues aus.

MICHAEL SCHULZ

PERSONAL TRAINER UND DEUTSCHER MEISTER IM WEIGHTED-CALISTHENICS

CALISTHENICS CONCEPTS

„PROGRESSIVES TRAINING FUNKTIONIERT AUCH OHNE ZUSATZGEWICHTE."

Ich bin Michael aus Berlin. In den letzten 8 Jahren habe ich mich intensiv mit der Thematik körperlicher Fitness auseinandergesetzt und konnte dabei speziell im Bereich Calisthenics, das bedeutet Training mit dem eigenen Körpergewicht, eine große Expertise aufbauen. Dies verhalf mir dazu, diverse nationale und internationale Wettkämpfe für mich zu entscheiden. Die meisten Menschen assoziieren das Ausbauen der körperlichen Fitness direkt mit dem Bewegen von Gewichten im Fitnessstudio. Bei dem Training mit dem eigenen Körpergewicht sind die Prinzipien dabei eigentlich die gleichen: Man bewegt ein Gewicht von A nach B. Der einzige Unterschied ist, dass wir dafür nur unser eigenes Körpergewicht benutzen. Anstatt mit mehr oder weniger Gewicht zu arbeiten, nutzen wir die natürlichen Hebel und Winkel, die unser Körper bietet. So kannst Du zum Beispiel als Einsteiger Liegestütze mit einem kleinen Hebel auf den Knien trainieren und sobald Du stärker wirst auf Deine Füße wechseln. Wird Dir auch das zu leicht, lege deine Füße etwas höher, sodass Du wieder eine höhere Last auf der „Ziehmuskulatur" hast. Diese Systematik lässt sich auf nahezu alle Übungen transferieren.

Calisthenics ist vor allem wegen dem komplexen Zusammenspiel vieler Muskeln im Körper während der Übungen so effektiv. Betrachten wir hierbei erneut unser Beispiel des Liegestütz. Im ersten Moment denkt man zunächst an das Training der Brust. Doch in Wahrheit trainiert man bei einer korrekten Ausführung der Übung einiges mehr. Durch das Ankippen des Beckens für einen stabilen Stand im Vierfüßler werden Deine kompletten Bauchmuskeln sowie die Muskulatur im unteren Rücken aktiviert. Durch das aktive Asueinanderdrücken Deiner Schulterblätter in der oberen Position des Stützes trainierst Du zusätzlich Deinen gesamten Schultergürtel mit. Dazu kommen durch die Drückbewegung im Liegestütz natürlich noch Deine vorderen Schultermuskeln und der Trizeps mit ins Spiel. Wenn Du nun auch Lust auf das Training mit dem eigenen Körpergewicht bekommen hast, dann werden Dir die folgenden Tipps eine gute Hilfestellung bieten.

Trainingsaufbau:

Dein Training sollte sich in erster Linie nach Deiner Zielsetzung richten. In dem folgenden Beispiel soll es deshalb zunächst um ein Muskelaufbautraining für einen Calisthenics-Einsteiger gehen. Dazu würde ich ein Ganzkörpertraining empfehlen. Der Grund dafür ist ganz einfach: Mit mehreren Ganzkörpertrainings die Woche schaffst Du es, jeden Muskel mehrmals die Woche zu trainieren. Dadurch kann ein Einsteiger allen seinen Muskeln so häufig wie möglich einen ausreichenden Trainingsreiz setzen.

Intensität, Frequenz und Volumen:

Beim Aufbau des Trainings solltest Du besonders auf drei Aspekte achten: Intensität, Frequenz und Volumen. Die Intensität beschreibt die Anstrengung einer Übung, die sehr niedrig oder sehr hoch sein kann. Die Frequenz beschreibt im Allgemeinen, wie oft Du in einer gewissen Zeitperiode trainierst. Je nachdem wie groß Deine Frequenz ist, d.h. wie viel Zeit Du pro Training investieren kannst, solltest Du die Intensität daran anpassen. Sofern Dir je Training viel Zeit zur Verfügung steht, muss die Frequenz entsprechend nicht so hoch sein, wie wenn Dir je Training nur wenig Zeit bleibt. Die Intensität ist aber auch bei der Übungsauswahl entscheidend. Kannst Du bereits reguläre Liegestütze, solltest Du deshalb in Dein Training keine Liegestütze auf den Knien einbauen, weil die Intensität dieser Übung für Dich zu niedrig wäre, um einen ausreichenden Trainingsreiz zu setzen. Zuletzt solltest Du Dir über das Volumen Gedanken machen. Das Volumen beschreibt die Arbeit, die man in einem Training verrichtet. Also die Summe aus Wiederholungen und Sätzen aller Übungen.

Anzahl von Sätze und Wiederholungen pro Übungen:

Was für Dich und dein individuelles Ziel optimal ist, solltest Du durch ein wenig Probieren so anpassen, dass Du Dich zwar forderst, jedoch zu Deiner nächsten Trainingseinheit wieder regeneriert bist. Dafür gibt es leider keine Vorgaben, sondern dies ist bei jedem Menschen anders und muss individuell getestet werden.

Reihenfolge der Übungen:

Baue Dein Training so auf, dass komplexe Übungen, d.h. Übungen, die viele Muskeln auf einmal trainieren, zuerst kommen. Danach folgen Übungen, die kleinere oder weniger Muskelgruppen bearbeiten. Des Weiteren sollte die Intensität während des Trainings abfallen. Also fange nicht mit einer leichten Übung für Deine Arme an und ende mit einer schweren, den ganzen Körper belastenden Übung (wie zum Beispiel explosive Hochsprünge). Mit diesem Wissen kannst Du bereits mit der Übungswahl und Deiner Trainingsplanung starten, viel Spaß!

„EIN EINSTÜNDIGES WORKOUT **BEANSPRUCHT NUR 4% DEINES TAGES.**"

- ARNOLD SCHWARZENEGGER

MORGEN

—.—.——

M D M D F S S

DANKBARKEIT

______

______

______

POSITIVE SELBSTBEKRÄFTIGUNG

______

______

______

PRIORITÄT DES TAGES

______

DENKANSTOSS

„Der Grund, warum ich Sport mache, ist die Lebensqualität, die ich genieße.“ - Kenneth H. Cooper

MORGENROUTINE

Aufstehzeit :

Routine ☐

ABEND

ERFOLGE DES TAGES

ERKENNTNISSE DES TAGES

DAS MACHE ICH MORGEN BESSER

DARAUF FREUE ICH MICH MORGEN

ABENDROUTINE

Schlafenszeit :

Routine

MORGEN

__ . __ . ____

M D M D F S S

DANKBARKEIT

POSITIVE SELBSTBEKRÄFTIGUNG

PRIORITÄT DES TAGES

DENKANSTOSS

„Der Schlüssel ist nicht zu priorisieren, was in Deinem Zeitplan ist, sondern Deine Prioritäten zu planen.“ - Stephen Covey

MORGENROUTINE

Aufstehzeit

:

Routine

ABEND

ERFOLGE DES TAGES

ERKENNTNISSE DES TAGES

DAS MACHE ICH MORGEN BESSER

DARAUF FREUE ICH MICH MORGEN

ABENDROUTINE

Schlafenszeit :

Routine ☐

MORGEN

__.__.____

M D M D F S S

DANKBARKEIT

POSITIVE SELBSTBEKRÄFTIGUNG

PRIORITÄT DES TAGES

DENKANSTOSS

„Pass auf deinen Körper auf. Es ist der einzige Ort, den Du zum Leben hast.“ - Jim Rohn

MORGENROUTINE

Aufstehzeit

:

Routine

ABEND

ERFOLGE DES TAGES

ERKENNTNISSE DES TAGES

DAS MACHE ICH MORGEN BESSER

DARAUF FREUE ICH MICH MORGEN

ABENDROUTINE

Schlafenszeit :

Routine ☐

MORGEN

__ . __ . ____

M D M D F S S

DANKBARKEIT

POSITIVE SELBSTBEKRÄFTIGUNG

PRIORITÄT DES TAGES

DENKANSTOSS

Wann hast Du das letzte Mal etwas für Dich und Dein Wohlbefinden geplant?

MORGENROUTINE

Aufstehzeit :

Routine

ABEND

ERFOLGE DES TAGES

ERKENNTNISSE DES TAGES

DAS MACHE ICH MORGEN BESSER

DARAUF FREUE ICH MICH MORGEN

ABENDROUTINE

Schlafenszeit :

Routine ☐

MORGEN

__.__.____

M D M D F S S

DANKBARKEIT

POSITIVE SELBSTBEKRÄFTIGUNG

PRIORITÄT DES TAGES

DENKANSTOSS

„Dein Körper ist ein Tempel, aber nur,
wenn Du ihn als einen behandelst.“ - Astrid Alauda

MORGENROUTINE

Aufstehzeit

:

Routine

ABEND

ERFOLGE DES TAGES

ERKENNTNISSE DES TAGES

DAS MACHE ICH MORGEN BESSER

DARAUF FREUE ICH MICH MORGEN

ABENDROUTINE

Schlafenszeit
:

Routine

WOCHEN **ABSCHLUSS**

TOP 3 **ERFOLGE**

___

___

___

TOP 3 **ERKENNTNISSE**

___

___

___

DAS MACHE ICH **NÄCHSTE WOCHE BESSER**

___

___

REFLEKTION DER **CHALLENGES**

WOCHENPLAN ___

___

___

SPORT ___

___

___

PUNKTZAHL | /2 |

WOCHEN **AUSBLICK**

MO

DI

MI

DO

FR

SA

SO

LEVEL 7

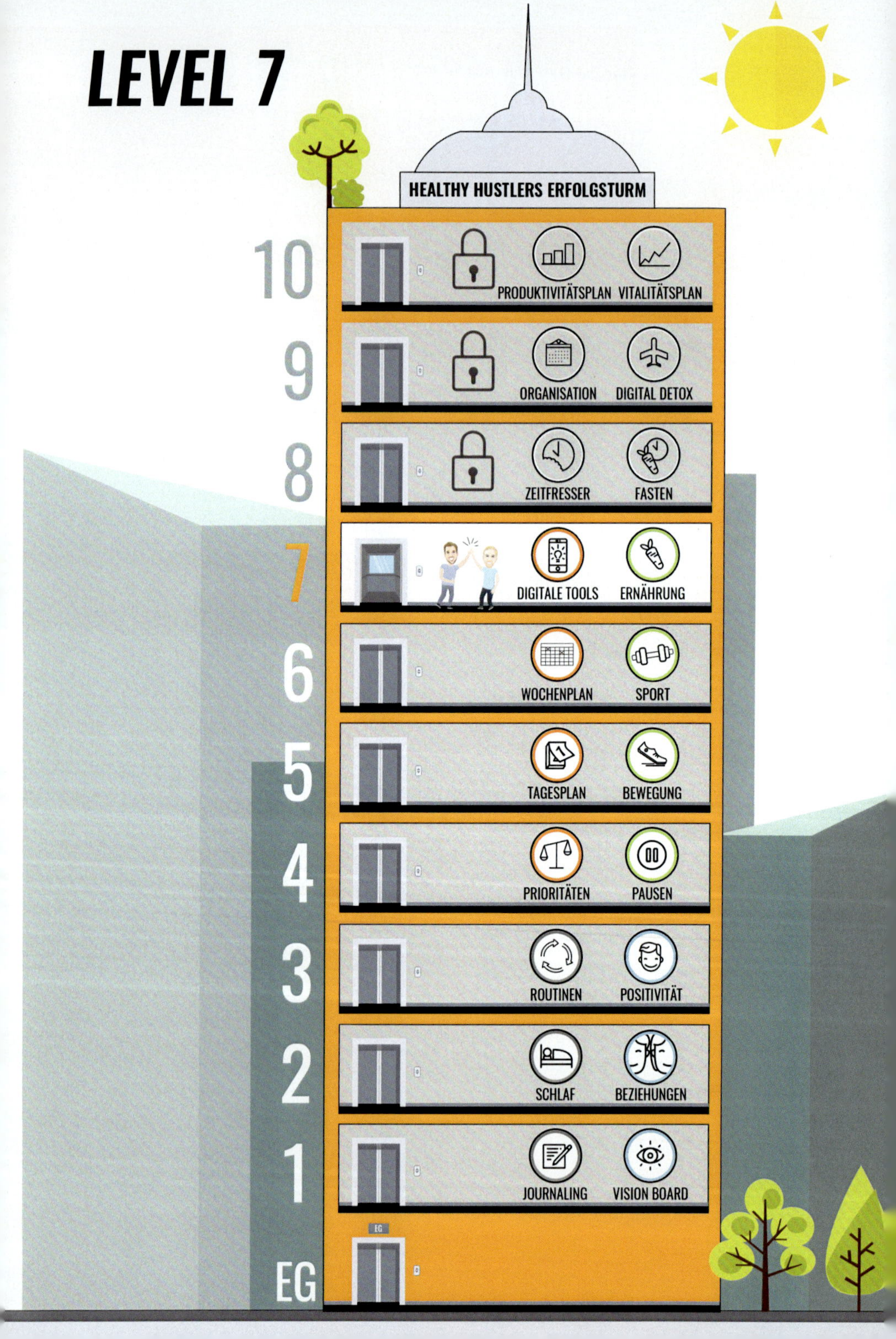
HEALTHY HUSTLERS ERFOLGSTURM
10
PRODUKTIVITÄTSPLAN
VITALITÄTSPLAN
9
ORGANISATION
DIGITAL DETOX
8
ZEITFRESSER
FASTEN
7
DIGITALE TOOLS
ERNÄHRUNG
6
WOCHENPLAN
SPORT
5
TAGESPLAN
BEWEGUNG
4
PRIORITÄTEN
PAUSEN
3
ROUTINEN
POSITIVITÄT
2
SCHLAF
BEZIEHUNGEN
1
JOURNALING
VISION BOARD
EG
EG

PRODUKTIVITÄT: **DIGITALE TOOLS**

Das Wort "Digitalisierung" ist schon eine Weile in aller Munde. Doch was ist das überhaupt? Der Begriff der Digitalisierung hat mehrere Bedeutungen. Er kann die digitale Umwandlung und Darstellung bzw. Durchführung von Information und Kommunikation oder die digitale Modifikation von Instrumenten, Geräten und Fahrzeugen ebenso meinen, wie die digitale Wende.[1,2]

Letzteres bedeutet ganz konkret, dass immer mehr Aspekte unserer Lebens- und Arbeitswelt als Daten abgelegt werden. Oder, dass immer mehr Dinge mit Sensoren ausgestattet sind, die uns erlauben, unsere Umwelt wahrzunehmen und darauf zu reagieren, z.B. das Smartphone, das Gesichter erkennt oder uns mit GPS navigiert. Aber auch die Vernetzung von Gegenständen mit dem Internet, damit sie selbstständig kommunizieren und so verschiedene Aufgaben für uns erledigen können, z.B. Smart Home Technologien im Bereich Haushalt, Beleuchtung oder Maschinen in der Industrie, die Lieferanten in Echtzeit über die Produktion informieren (auch unter Industrie 4.0 bekannt).[3]

Die Digitalisierung hat also erhebliche Auswirkungen auf die Gesellschaft, Politik und Wirtschaft und damit unser gesamtes Leben. So, wie Dein Privatleben immer digitaler wird, siehst Du möglicherweise auch schon Veränderungen bei Deinem Arbeitgeber und damit in Deinem Job. Damit stündest Du nicht alleine, denn laut einer Studie wird Arbeit 4.0 zur nächsten politischen Großbaustelle der Digitalisierung in Deutschland.[4] Mehr Flexibilität bei der Ausübung der Arbeit, schneller wechselnde Qualifikationsanforderungen und die möglicherweise sinkende Nachfrage nach Arbeitskraft erfordern ein Umdenken in Kernbereichen der sozialen Sicherungssysteme und des Arbeitsmarktes. „Der Veränderungsdruck auf Beschäftigte, Arbeitgeber und Sozialstaat wird deutlich steigen" sagt

Dr. Juliane Landmann, Projektleiterin der Studie. Passend dazu zeigt eine Studie des Instituts für Arbeitsmarkt- und Berufsforschung (IAB) auf, dass im Jahr 2035 aufgrund der Digitalisierung rund 1,5 Millionen Arbeitsplätze abgebaut sein werden. Außerdem führt die Digitalisierung den Forschern zufolge zu annähernd genauso vielen neuen Arbeitsplätzen, sodass unterm Strich keine größeren Beschäftigungsverluste auftreten werden.[5] Das klingt erstmal gar nicht so negativ und natürlich kommt es auf die Branche und den jeweiligen Job an, wie tiefgreifend die Veränderungen der Digitalisierung sind. Doch zeigt es auf, dass Arbeitnehmer gefragt sind, sich auf diesen Wandel einzulassen, sich weiterzubilden und kontinuierlich zu lernen, damit sie nicht abgehängt werden. Denn in Unternehmen, die mitten in der Digitalisierung stecken, steigen die Anforderungen an die zeitliche und inhaltliche Flexibilität.[6] Daher ist es sinnvoll, gegenüber neuen Programmen, Apps und Tools aufgeschlossen zu sein und diese auszuprobieren, um leichter mit technischen Neueinführungen im Job klarzukommen und das eigene Selbstmanagement zu erleichtern. Zudem hat sich der tägliche Informationsfluss in den letzten 30 Jahren verfünffacht, wodurch unserem Gehirn leichter Fehler unterlaufen, da es evolutionär nicht mehr darauf ausgerichtet ist, die auf uns täglich einwirkenden Datenmengen bestmöglich zu verarbeiten.[7]
Da heißt es "outsourcen", also möglichst viele Informationen in digitale Anwendungen/Apps zu übertragen, sodass unser Gehirn wieder effizienter arbeiten kann. Deshalb beschäftigen wir uns in diesem Kapitel mit einer Reihe von digitalen Tools, die Dir unter anderem helfen, Dich besser zu organisieren und zu strukturieren, zu kommunizieren und Informationen aufzunehmen. Wir zeigen Dir, welche Tools wir nutzen und einige Alternativen, die wir kennen oder selbst ausprobiert haben. Diese Liste erhebt keinen Anspruch auf Vollständigkeit, sondern soll Dir als Inspiration dienen. Nur Du kannst durch Ausprobieren für Dich entscheiden, welches Tool für Dich am besten passt. Doch bevor es losgeht, zeigen wir Dir einige Vorteile auf, die digitale Tools gegenüber den analogen Alternativen wie Stift, Papier oder Notizbuch bieten. Wir haben Dich in den Kapiteln zu Prioritäten und dem Tages- und Wochenplan bewusst mit Papier arbeiten lassen, damit Du Dich auf die Technik fokussieren kannst. Doch wie Du an dieser Liste sehen wirst, sind wir große Freunde davon, so wenig wie möglich analog zu arbeiten.

- ***Flexibilität:*** *Die meisten Anwendungen gibt es als Desktop-Version für den Computer und auch als App für das Smartphone. Somit kannst Du jederzeit auf Deine Dateien zugreifen, sofern ein Smartphone oder Computer in der Nähe ist.*
- ***Datensicherheit:*** *Im Gegensatz zu einem Notizbuch, das Du in der U-Bahn vergessen kannst, geht in der Cloud (ein globales Netzwerk von Servern) nichts verloren.*
- ***Organisation:*** *Wenn Du Deine Dokumente und Briefe digitalisierst, stapeln sich keine Papierberge auf Deinem Schreibtisch oder in Ordnern im Keller.*
- ***Teamwork:*** *Ob zusammen an einem Projekt oder Dokument - viele Tools bieten die Möglichkeit zur Kollaboration in Echtzeit.*
- ***Spaß:*** *Wir lieben gute Programme und Apps von smarten Menschen, die uns mit ihren Ideen das Leben erleichtern und uns zu mehr Produktivität verhelfen.*
- ***Nachhaltigkeit:*** *Die Nutzung von Papier ist nicht umweltfreundlich. Um 100 kg Papier aus Holz herzustellen, braucht es 110 kg CO2, 300 kg Holz, 5000 Liter Wasser und 1.000 Kilowattstunden Energie.*[8]

To-do-Listen / Projektmanagement

- *Trello. Das Tool nutzen wir täglich für all unsere Projekte und To-dos, sowohl für das Business als auch privat. Richtig einfach zu handhaben, übersichtlich, flexibel, alleine oder im Team nutzbar und komplett kostenlos. Ein Must-have.*

  Alternativen: Asana, Wunderlist, todoist

Notizen

- *Evernote. Hier kommt alles rein, was keine To-dos enthält. Also viele Gedanken, Ideen, Whiteboard-Brainstormings als Foto oder einfach Ressourcen wie Links, auf die wir irgendwann zurückkommen möchten. Einfach zu handhaben, praktische Features wie Fotos mit Text als Text abspeichern, alleine oder im Team nutzbar, je nach Version kostenlos bis günstig.*

  Alternativen: OneNote von Microsoft, vorinstallierte Notiz-Apps, Google Notizen,

Das All-in-one-Universum

- *Immer effizienzgetrieben wie wir sind, haben wir irgendwann erkannt, dass wir nicht zig* verschiedene Anbieter nutzen müssen / sollten, wenn es doch Große gibt, die so gut wie alles aus einer Hand anbieten. Wir haben uns für Google entschieden und nutzen sowohl deren Office-Programme (hauptsächlich Google Docs und Google Tabellen), Google Kalender und Google Drive zum Speichern von Dateien.

- Zusätzlich nutzen wir Microsoft Outlook als Mailprogramm und für die Erstellung von Präsentationen Microsoft PowerPoint. Natürlich kannst Du statt Google auch alles von Microsoft nutzen, da gibt es neben Microsoft Office noch Microsoft OneDrive zum Speichern von Dateien. Das ist reine Geschmackssache.
- Zum Thema Cloud zum Speichern von Dateien sei neben Google Drive und Microsoft OneDrive noch die Apple iCloud erwähnt, sofern Du ein Apple-Gerät besitzt.

Kommunikation

- Jeder von uns kommuniziert jeden Tag über sehr viele verschiedene Kanäle. Da kann man schon leicht den Überblick verlieren, oder wie geht es Dir? Für den privaten Gebrauch nutzen wir hauptsächlich WhatsApp. Doch für das Business betreffende Kommunikation sind wir auf Slack übergegangen. Das ist vor allem sinnvoll, sobald mehr als zwei Personen zusammen an Projekten arbeiten. Sobald es um einen Video-Call geht, kommt es ganz darauf an, welche Präferenzen Dein Gesprächspartner hat. Wir nutzen alles von Skype, Zoom, WhatsApp-Video, Apple Facetime bis hin zur Videofunktion im Facebook Messenger. Natürlich greifen wir auch noch zum altbekannten Telefon.

Lesen

- Wir haben uns schon vor einiger Zeit einen E-Reader angeschafft, mit dem wir Bücher lesen. Der Kauf und Download von Büchern ist in Sekunden abgeschlossen und wir können tausende Bücher auf einem Gerät speichern. Außerdem lassen sich Notizen oder markierte Textstellen als PDF extrahieren, was sehr praktisch ist, um eigene Zusammenfassungen direkt digital verfügbar zu haben. Das Amazon Kindle ist sicher am bekanntesten. Es gibt aber auch Alternativen wie Tolino oder Kobo.

Briefe

- *Kannst Du Dir vorstellen, dass Du in Deutschland nicht jeden Tag zum Briefkasten laufen musst, um Briefe aus Papier entgegenzunehmen, die oft sowieso im Müll landen oder von Dir selbst digitalisiert werden? Es ist tatsächlich möglich und wir probieren seit Anfang 2018 einen Anbieter aus. Alle Briefe werden an ein Scan-Zentrum geleitet, das sie digitalisiert und online oder in einer App für Dich bereitstellt, sodass Du sie sehen oder herunterladen kannst. Das funktioniert hervorragend und spart viel Zeit. Wir nutzen Caya, es gibt aber auch den Service E-Post der Deutschen Post, Dropscan oder Digitalkasten.*

Sprachsteuerung

- *Sei es im Auto mit Deinem Navigationsgerät, die Kommunikation mit Deinem Smartphone über Siri oder ein Äquivalent, um das Wetter abzufragen oder einen Text zu diktieren, Cortana auf Deinem Microsoft-Rechner oder ganz aktuell Sprachassistenten wie Amazon Alexa oder Google Home. Sie alle haben den Vorteil, dass Du nichts anfassen musst, um eine Aktion auszulösen und dabei auch etwas anderes machen kannst. Die Technologie ist noch relativ jung, wird aber laut Experten in Zukunft sehr viel bedeutender.*

DIGITALE-TOOLS-CHALLENGE

Falls Du noch keine Notiz-App aktiv auf Deinem Smartphone nutzt, lade Dir eine unserer Empfehlungen herunter oder nutze die vorinstallierte Notiz-App auf Deinem Smartphone.

Die Challenge ist, an einem Tag jeden interessanten oder wichtigen Gedanken und jedes To-do in dieser App aufzuschreiben. Und zwar sofort, sobald Du daran denkst. Denn ein paar Minuten später kannst Du ihn schon wieder vergessen haben. Wenn Du bereits ein aktiver Nutzer einer Notiz-App bist, darfst Du Dir stattdessen eines der vorgestellten Tools anschaffen und ausprobieren.

MARCUS MEURER

ONLINE-UNTERNEHMER UND DIGITALER NOMADE

DNX

„DANK DER DIGITALISIERUNG KANN ICH DIE WELT BEREISEN UND GLEICHZEITIG MEIN BUSINESS MANAGEN."

Als Gründer der digitalen Nomaden-Bewegung helfe ich Menschen dabei, sich ein digitales Business aufzubauen, sodass es ihnen möglich ist, ortsunabhängig zu arbeiten und aus dem konventionellen System auszubrechen. Denn die Digitalisierung bietet nie dagewesene Möglichkeiten, die wir ideal für unsere Selbstverwirklichung und Weiterentwicklung nutzen können. Ich bereise bereits seit 2013 als digitaler Nomade die Welt und manage mein Unternehmen lediglich mit meinem Notebook sowie Smartphone, da es mittlerweile für jegliche Zwecke die passenden Tools in Form von Software und Apps gibt. Angefangen hat bei mir damals alles mit meinem beruflichen Einstieg ins Online-Marketing, wodurch ich viel darüber gelernt habe, wie man online Geld verdienen kann. Diese Expertise habe ich dann irgendwann genutzt, um mich selbstständig zu machen und mir mein eigenes Unternehmen aufzubauen. Zu Beginn habe ich dafür noch als Freelancer für Start-Ups gearbeitet sowie zusammen mit meiner Freundin Feli den Travel-Blog "Travelicia" aufgebaut und diesen dann über Affiliate-Einnahmen, aber auch Kooperationen mit Reise-Unternehmen monetarisiert. Da dieses "ortsunabhängige Arbeiten" damals noch völlig neu war, sind wir mit anderen Leuten in Kontakt getreten, die auch denselben Lifestyle gelebt haben, um uns mit ihnen zu treffen. So kam es dann zur DNX, der Digitalen Noma-

den Konferenz. Mittlerweile hat die DNX über 1.000 Besucher und wir haben uns eine riesige Community von Menschen aufgebaut, die sich alle dabei unterstützen, sich einen Lifestyle aufzubauen, der es ihnen ermöglicht zu reisen und gleichzeitig zu arbeiten. Dahinter steht auch ein entsprechendes Team von Mitarbeitern, die von den verschiedensten Orten aus arbeiten. Somit findet unsere gesamte Kommunikation über Video-Calls, Workchats und Projektmanagement-Tools statt. Für mich ist es daher bereits völlig normal, mich rein digital zu organisieren. Und wie sich beobachten lässt, gewinnen digitale Tools auch immer mehr an Bedeutung, da sie zahlreiche Vorteile bieten. Nun bekommst Du daher ein paar Anwendungen und Software genannt, die ich zur Steigerung meiner Produktivität und für meine persönliche Weiterbildung verwende.

- **Fokus:** mit der Timer-App "Focus Keeper": kannst Du Dir die Pomodoro-Technik zu Nutze machen, eine Zeitmanagement-Methode, bei der Du immer 25 Minuten fokussiert und produktiv arbeitest. Danach machst Du eine 5-minütige Pause und beginnst mit dem nächsten 25-minütigen Zeitabschnitt ("pomodori"). Nach jeweils vier pomodori gönnst Du Dir dann eine 15-20-minütige Pause.
- **Konzentration:** "brain.fm" stellt Dir sogenannte "Binaurale Beats" zur Verfügung, die Du zum Meditieren, Entspannen, Schlafen oder auch für einen besseren Fokus nutzen kannst. Denn binaurale Beats dienen der Stimulation von Gehirnwellen, die Dein Gehirn schnell und einfach (ca. 7 Minuten) in einen meditativen Zustand versetzen. Zum Hören dieser speziellen Frequenzen musst Du allerdings unbedingt Kopfhörer verwenden, um von dem positiven Effekt profitieren zu können. Nutze dafür am besten Noise-Canceling-Kopfhörer, da diese Umgebungsgeräusche unterdrücken.
- **To-do Apps:** Wunderlist, Trello, MeisterTask, Todoist
- **Kommunikations-Software:** Slack, Zoom, Skype
- **Pojektmanagement-Software:** Activcollab, Asana, Trello
- **Meeting- und Terminvereinbarung:** Calendly, Terminpilot, eTermin
- **Hörbücher und Essays:** Blinkist, Audible

MORGEN

—.—.——

M D M D F S S

DANKBARKEIT

POSITIVE SELBSTBEKRÄFTIGUNG

PRIORITÄT DES TAGES

DENKANSTOSS

Welche Apps die Dich stören kannst Du heute noch löschen?

MORGENROUTINE

Aufstehzeit

:

Routine

ABEND

ERFOLGE DES TAGES

ERKENNTNISSE DES TAGES

DAS MACHE ICH MORGEN BESSER

DARAUF FREUE ICH MICH MORGEN

ABENDROUTINE

Schlafenszeit :

Routine ☐

MORGEN

__.__.____

M D M D F S S

DANKBARKEIT

POSITIVE SELBSTBEKRÄFTIGUNG

PRIORITÄT DES TAGES

DENKANSTOSS

„Veränderung ist das Gesetz des Lebens und diejenigen, die nur auf die Vergangenheit oder Gegenwart schauen, werden mit Sicherheit die Zukunft verpassen.“
- John F. Kennedy

MORGENROUTINE

Aufstehzeit

:

Routine

ABEND

ERFOLGE DES TAGES

ERKENNTNISSE DES TAGES

DAS MACHE ICH MORGEN BESSER

DARAUF FREUE ICH MICH MORGEN

ABENDROUTINE

Schlafenszeit :

Routine

VITALITÄT: **ERNÄHRUNG**

Gesunde Ernährung *- leider ein Thema, das durch die nicht einheitlichen Qualitätsstandards, die Vielzahl an Ernährungsformen, die Werbeindustrie oder auch das Überangebot an Nahrungsmitteln total verkompliziert wird. Auch wir haben eine ganze Weile gebraucht, um hier den Durchblick zu bekommen und ein gesundes Verhältnis zum Thema Essen zu entwickeln. Die richtige Ernährung ist nicht nur für unsere Gesundheit von enormer Bedeutung, sondern auch für unser Energielevel und Wohlbefinden. Wir alle haben es schon am eigenen Leib erfahren. Haben wir zu viel gegessen, werden wir umgehend müde und träge. Müssen wir auf unser Essen warten, zehrt das an unseren Energiereserven und unsere Konzentration nimmt ab. Dass wir durch die richtige Ernährung unsere Leistungsfähigkeit steigern können, ist also kein Geheimnis.[9] Um das Optimum aus Deiner Ernährung rauszuholen, bekommst Du nun unsere Ernährungsempfehlungen für maximale Vitalität auf einen Blick!*

Ausgewogenheit.

- *Wir sind keine Fans von bestimmten oder extremen Ernährungsweisen, sondern versuchen uns in einem ausgewogenen und abwechslungsreichen Verhältnis von Fett (30%), Eiweiß (15%) und Kohlenhydraten (55%) zu ernähren.[10]*

Gute Fette.

- *Das sind Lebensmittel mit einem hohen Anteil an einfach und mehrfach ungesättigten Fettsäuren wie Seefische (Lachs), pflanzliche Öle (Rapsöl) und Nüsse. Gesättigte Fettsäuren, die in Butter, Sahne, Chips oder auch Wurst enthalten sind, stellen bei uns eine absolute Ausnahme dar.*

Abwechslungsreiche Eiweißquellen.

- *Diese finden wir beispielsweise in Hülsenfrüchten (Bohnen und Linsen) und tierischen Produkten (Eier, Fleisch, Fisch). Bei tierischen Produkten sollte man unbedingt darauf achten, dass diese aus Bio-Haltung stammen und in Maßen konsumiert werden (lt. DGE nicht mehr als 300-600 Gramm Fleisch pro Woche).[11]*

Komplexe Kohlenhydrate.

- *Dabei handelt es sich um langkettige Kohlenhydrate wie Kartoffeln, Hülsenfrüchte, Haferflocken oder auch Vollkornnudeln. Um diese aufzuspalten benötigt unser Körper mehr Zeit und wir sind somit nicht nur länger gesättigt, sondern haben auch länger Energie. Kurzkettige Kohlenhydrate, welche beispielsweise in Süßigkeiten, Säften und den meisten Backwaren enthalten sind, können schneller aufgespalten werden. Dadurch erhalten wir innerhalb kurzer Zeit Energie, bekommen jedoch auch schneller wieder Hunger.[12]*

Wir richten uns nach unseren Innenreizen.

- *Das bedeutet, wir essen nur, wenn wir wirklich hungrig sind und essen nicht mehr als nötig. Somit fasten wir für gewöhnlich die ersten 5 Stunden des Tages. (mehr dazu in Level 8 beim Thema "Fasten")*

Viel Obst und Gemüse.

- *5 Portionen Obst und Gemüse am Tag decken die wichtigsten Vitamine, Mineralstoffe und sekundäre Pflanzenstoffe ab. Eine Portion entspricht hierbei ca. einer Handvoll. Diese einfache Regel stammt von der Ernährungskampagne "5 am Tag", welche uns vor Zivilisationskrankheiten schützen und unser Immunsystem stärken soll.[13]*

Natürlichkeit.

- *Wir verzichten so gut es geht auf weiterverarbeitete Produkte mit einer langen und komplexen Zutatenliste. Somit gibt es bei uns keine Fertiggerichte und wir kochen immer frisch. Und wenn wir dann schon kochen, dürfen es auch direkt mehrere Portionen für die Folgetage sein.*

So greifen wir nicht zu Convenience-Produkten, wenn wir mal keine Zeit oder Lust haben, den Kochlöffel zu schwingen.

Unser Lebenselixier.

- Wie Du vermutlich weißt, besteht unser Körper zu ca. 65% aus Wasser. Daher achten wir stets darauf, ausreichend Wasser zu trinken (mindestens 3 Liter täglich) und verzichten gänzlich auf gezuckerte Getränke. Vor allem ein großes Glas Wasser direkt nach dem Aufstehen und nach dem Essen bewirkt Wunder.[14]

Achtsamkeit.

- Ausreichend Lebensmittel zur Verfügung zu haben ist nicht selbstverständlich und Essen ist für uns eines der schönsten Dinge der Welt. Daher nehmen wir uns Zeit zum Essen, tun es sehr bewusst und genießen ohne den Blick aufs Smartphone oder andere Ablenkungen.

Trotz alledem nehmen wir das Thema Ernährung nicht zu ernst und genehmigen uns hin und wieder eine kleine Versuchung. Denn gutes Essen ist so etwas schönes, dass wir uns dabei nicht vollkommen einschränken möchten. Bei einer gesunden Basis werden diese Ausnahmefälle unser Wohlbefinden kaum beeinträchtigen - im Gegenteil!

APPETIT AUF MEHR?

Dann hör mal rein!

HH37 -
Die richtige Ernährung
für optimale Gesundheit und
Leistungsfähigkeit

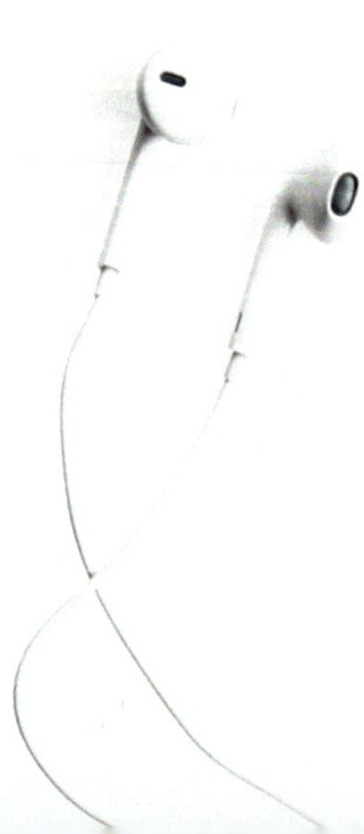

ERNÄHRUNGS-CHALLENGE

Führe einen Tag lang ein Ernährungstagebuch, in dem Du alles aufschreibst, das Du an diesem Tag isst. Gleiche Deine Ernährung am Ende des Tages mit unseren Empfehlungen ab und überprüfe dadurch, wie gesund Du dich bereits ernährst.

LAURA HELSER

FOOD-COACH UND PERSONAL TRAINERIN

TEAM LOA

„KREIERE MIT LEICHTIGKEIT EIN LEBEN VOLLER POWER ... UND SPÜRE DEINE LEBENSKRAFT."

Ernährung ist so viel mehr als nur Nahrungszufuhr. Bewusste und gesunde Ernährung ist eine Form von Respekt und Liebe zu Dir selbst. Denn hey das hier ist Dein Leben! Deine Gesundheit und Deine Energie sind das wertvollste, was Du hast. Ist Dir das bewusst? Täglich entscheiden wir uns durch unsere Mahlzeiten für oder gegen unsere Gesundheit. Nahrung soll uns Energie geben und nicht Energie ziehen. Das bedeutet FITFOOD für mich. Nährstoffreiche Lebensmittel mit Mehrwert für unsere Gesundheit. Jede Mahlzeit soll Dich nähren und Dir Power & Leichtigkeit im Alltag schenken.

Ernährung und Leichtigkeit? Warum eigentlich?

In meiner Arbeit als Personal Trainerin und Ernährungsberaterin habe ich schnell gemerkt, dass es nicht um den perfekten Trainings- oder Ernährungsplan geht. Es geht um Bewusstsein. Sich im eigenen Körper wohlfühlen. Spaß an gesunder Ernährung finden. Schluss mit Diäten. Schluss mit Kalorien zählen.
Fang an in der Küche kreativ zu werden. Mehr Ausprobieren und genießen. Fall in love with taking care of yourself. Genau das möchte ich mit meinem Kochbuch, auf Instagram und auf YouTube weitergeben.

DIE WICHTIGSTEN TIPPS FÜR DEINEN FITFOOD-LIFESTYLE

- **Obst und Gemüse als Basis.** *Zähle Farben und keine Kalorien. 3 Hände voll Gemüse am Tag und 2 Hände voll Obst. Den Rest füllst Du mit hochqualitativen Proteinquellen, gesunden Kohlenhydraten und wertvollen Fettquellen. Eat better not less. It's that simple.*

- **Einkaufsmanagement.** *If you will buy good food you will eat good food! Klingt simpel? Ist es auch. Wenn Du statt Chips, Gummibärchen und Eis viel Obst, Gemüse, Nüsse und getrocknete Früchte am Start hast, wird gesunde Ernährung zu einem Selbstläufer.*

- **Mealprep.** *Vor allem wenn Du viel unterwegs bist. Vorkochen und gesunde Mahlzeiten proaktiv planen erleichtern Dir, Dich im Alltag gesund zu ernähren.*

- **Balance is the key.** *Mach Dich nicht verrückt über das eine Mal Pizza oder Burger essen. Es ist ungesünder, Dir die Pizza krampfhaft zu verbieten, anstatt sie dann mit Freunden zu genießen und einen tollen Abend zu haben. Das Stichwort hierbei: BEWUSST GENIEßEN.*

- **Intuitiv essen.** *Hör auf Deinen Körper. Hör auf aus Stress, emotionalen Gelüsten und Langeweile zu essen. Durch Geschmacksverstärker, stark verarbeitete Lebensmittel, Zucker und Süßstoffe entfernen wir uns immer mehr von unserem natürlichen Körpergefühl. Je mehr unverarbeitete Lebensmittel Du zu Dir nimmst, desto einfacher wird gesunde Ernährung.*

- **Mindset.** *Make yourself a priority. Hol das Beste aus Dir und Deiner Gesundheit raus. Für Dich. Für Dein Körpergefühl. Für Deine Energie. Für Deine Gesundheit. Für Dein Leben.*

MORGEN

__ . __ . ____

M D M D F S S

DANKBARKEIT

______

______

______

POSITIVE SELBSTBEKRÄFTIGUNG

______

______

______

PRIORITÄT DES TAGES

______

DENKANSTOSS

Wenn Du heute nur ein Gericht essen dürftest,
welches wäre das?

MORGENROUTINE

Aufstehzeit

:

Routine

ABEND

ERFOLGE DES TAGES

ERKENNTNISSE DES TAGES

DAS MACHE ICH MORGEN BESSER

DARAUF FREUE ICH MICH MORGEN

ABENDROUTINE

Schlafenszeit

:

Routine

MORGEN

__ . __ . ____

M D M D F S S

DANKBARKEIT

POSITIVE SELBSTBEKRÄFTIGUNG

PRIORITÄT DES TAGES

DENKANSTOSS

„Es ist nicht die stärkste der Arten, die überlebt, noch die intelligentesten, die überleben. Es ist die, die sich am besten an Veränderungen anpassen kann.“ - Charles Darwin

MORGENROUTINE

Aufstehzeit :

Routine

ABEND

ERFOLGE DES TAGES

ERKENNTNISSE DES TAGES

DAS MACHE ICH MORGEN BESSER

DARAUF FREUE ICH MICH MORGEN

ABENDROUTINE

Schlafenszeit

:

Routine

MORGEN

__ . __ . ____

M D M D F S S

DANKBARKEIT

POSITIVE SELBSTBEKRÄFTIGUNG

PRIORITÄT DES TAGES

DENKANSTOSS

„Lass Essen die Medizin und Medizin das Essen sein."
- Hippokrates

MORGENROUTINE

Aufstehzeit :

Routine

ABEND

ERFOLGE DES TAGES

ERKENNTNISSE DES TAGES

DAS MACHE ICH MORGEN BESSER

DARAUF FREUE ICH MICH MORGEN

ABENDROUTINE

Schlafenszeit :

Routine

MORGEN

—.—.——

M D M D F S S

DANKBARKEIT

POSITIVE SELBSTBEKRÄFTIGUNG

PRIORITÄT DES TAGES

DENKANSTOSS

„Der Mensch ist, was er isst." - Lucretius

MORGENROUTINE

Aufstehzeit

:

Routine

ABEND

ERFOLGE DES TAGES

ERKENNTNISSE DES TAGES

DAS MACHE ICH MORGEN BESSER

DARAUF FREUE ICH MICH MORGEN

ABENDROUTINE

Schlafenszeit :

Routine

MORGEN

__.__.____

M D M D F S S

DANKBARKEIT

POSITIVE SELBSTBEKRÄFTIGUNG

PRIORITÄT DES TAGES

DENKANSTOSS

„Heute werden mehr als 95% aller chronischen Krankheiten durch die Wahl des Essens, toxische Lebensmittelzutaten, Mangelerscheinungen und Bewegungsmangel verursacht."
- Mike Adams

MORGENROUTINE

Aufstehzeit

:

Routine

ABEND

ERFOLGE DES TAGES

ERKENNTNISSE DES TAGES

DAS MACHE ICH MORGEN BESSER

DARAUF FREUE ICH MICH MORGEN

ABENDROUTINE

Schlafenszeit :

Routine

WOCHEN **ABSCHLUSS**

TOP 3 **ERFOLGE**

TOP 3 **ERKENNTNISSE**

DAS MACHE ICH **NÄCHSTE WOCHE BESSER**

REFLEKTION DER **CHALLENGES**

DIGITALE TOOLS

ERNÄHRUNG

PUNKTZAHL / 2

WOCHEN **AUSBLICK**

MO

DI

MI

DO

FR

SA

SO

LEVEL 8

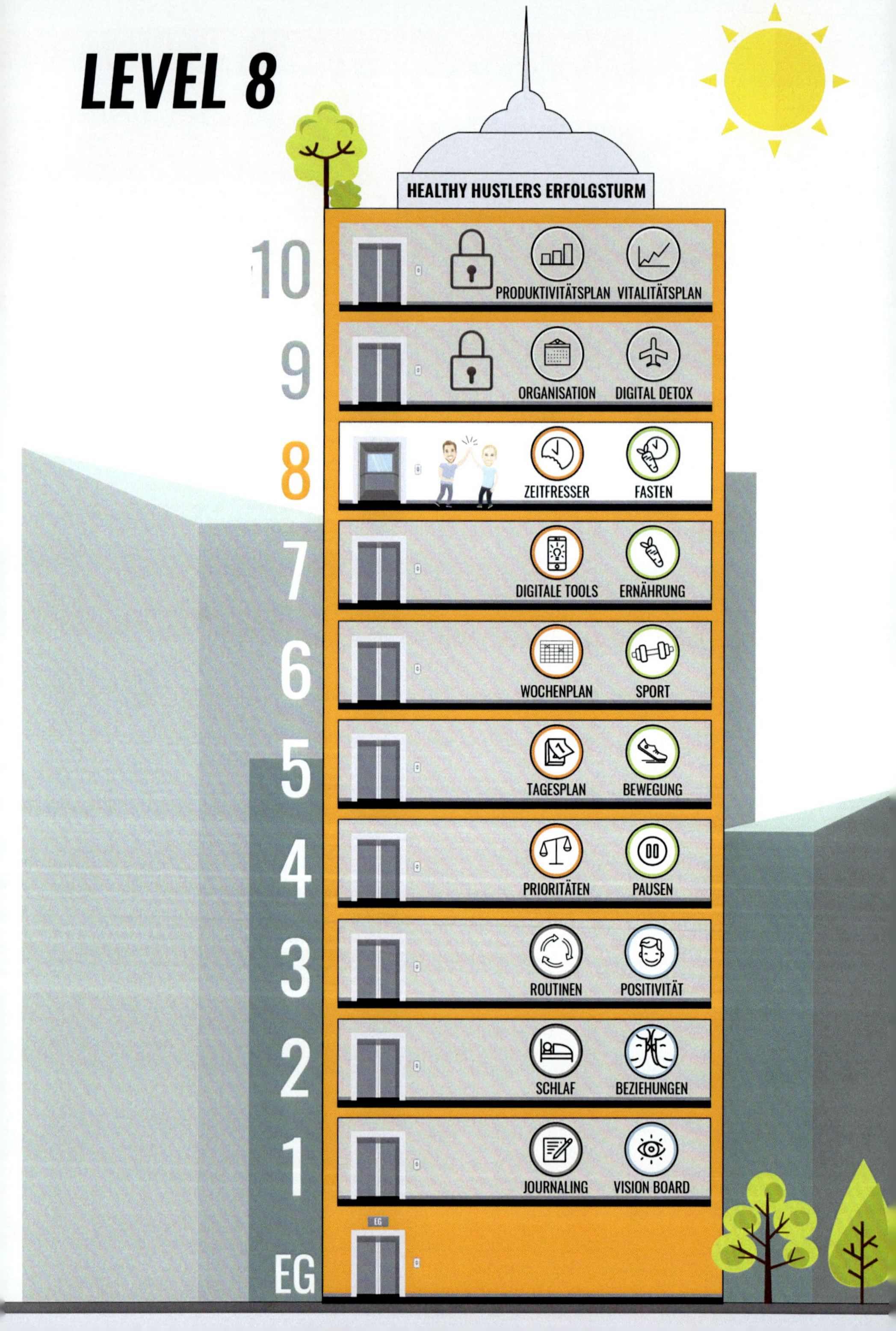

HEALTHY HUSTLERS ERFOLGSTURM
10
PRODUKTIVITÄTSPLAN
VITALITÄTSPLAN
9
ORGANISATION
DIGITAL DETOX
8
ZEITFRESSER
FASTEN
7
DIGITALE TOOLS
ERNÄHRUNG
6
WOCHENPLAN
SPORT
5
TAGESPLAN
BEWEGUNG
4
PRIORITÄTEN
PAUSEN
3
ROUTINEN
POSITIVITÄT
2
SCHLAF
BEZIEHUNGEN
1
JOURNALING
VISION BOARD
EG

PRODUKTIVITÄT: ZEITFRESSER

Die Digitalisierung fordert ständige Erreichbarkeit und überschüttet uns tagtäglich mit einer neuen Informationsflut. Laut einer Studie der LMU München erwarten 57 Prozent der Smartphone-Nutzer von Familie und Freunden eine Antwort auf Nachrichten innerhalb weniger Minuten.[1] Wie Du in Level 7 erfahren hast, steigen die Anforderungen an jeden Einzelnen von uns und nie war unsere Welt hektischer, komplexer und schnelllebiger. Da ist es geradezu verlockend, sich von einer Ablenkung oder Verpflichtung in die Nächste zu stürzen und den Überblick zu verlieren. Das resultiert leider leicht in einer ineffektiven Arbeitsweise und verhindert, dass wir unsere Ziele in bestmöglicher Geschwindigkeit erreichen.[2]
Dem können wir vorbeugen, indem wir für uns bestimmte Regeln festlegen und möglichst viele Störfaktoren beseitigen. Daher empfehlen wir folgende Dinge zu beachten:

Alle Benachrichtigungen bzw. Push-Notifications des Smartphones deaktivieren.

Dadurch vermeiden wir, beim Nutzen des Smartphones abgelenkt zu werden bzw. mehr Zeit zu investieren, als wir ursprünglich vorhatten. Sollte eine wirklich dringende Nachricht eingehen, wird sich die Person schon telefonisch melden, wenn sie nicht mehr länger warten kann.

Einen einheitlichen Passwort-Standard festlegen.

Entwickle eine Systematik, nach der Du alle Deine Passwörter aufsetzt und speichere die Passwörter stets im Browser. Beispielsweise den Anfangsbuchstaben der Webseite (healthyhustlers.de) + ein Wort Deiner Wahl (Produktivität) + ein Sonderzeichen (?); also "hProduktivität?". So musst Du nie wieder "Passwort vergessen?" klicken oder

Dich mit gescheiterten Login-Versuchen beschäftigen und vermeidest zudem, dieselben Passwörter zu benutzen.

Lesezeichen erstellen.

Alle Webseiten, die wir täglich nutzen, sollten ihr eigenes Lesezeichen erhalten. Diese Lesezeichen werden dann natürlich nach ihrer Priorität angeordnet.

Noise-Cancelling-Kopfhörer.

Diese sorgen dafür, dass wir die Geräuschkulisse um uns herum nicht mehr wahrnehmen. So können wir super fokussiert arbeiten und geben unserem Umfeld ein indirektes Zeichen, dass wir nicht gestört werden möchten.

Umgang mit E-Mails und Anrufen.

Wenn wir nicht gerade eine sehr dringende Mail erwarten, sollte das E-Mail-Programm nur geöffnet werden, wenn wir vorhaben mehrere Mails am Stück zu beantworten. Bis dahin kann ggf. eine automatische Antwort eingestellt werden. Auch Anrufe sollten nur dann entgegengenommen werden, wenn wir dringend auf sie warten.

Soziale Netzwerke.

Diese sind während unserer produktiven Phasen ein absolutes Tabu. Genau wie beim Umgang mit E-Mails sollten wir versuchen, die jeweiligen Plattformen bzw. Apps so selten wie möglich zu besuchen und lieber am Stück über alle Benachrichtigungen zu fliegen.

Meetings.

25% aller Meetings werden laut einer Studie bei der 250 HR-Manager befragt wurden als überflüssig empfunden.[3] Daher die eigene Teilnahme auch mal hinterfragen und auf eine klare Zeit, Agenda und Ziel des Meetings bestehen. Am besten nachmittags und stehend abhalten, das verkürzt Meetings automatisch.

Kollegen.

Plaudern mit Kollegen gehört dazu und ist auch wichtig für die Unternehmenskultur. Doch wenn Du fokussiert arbeiten willst, stören Unterhaltungen. Am besten einfach offen kommunizieren, dass Du für einen bestimmten Zeitraum nicht gestört werden willst und danach wieder zur Verfügung stehst.

NOTIFICATION-CHALLENGE

Schalte jetzt direkt alle Benachrichtigungen an Deinem Smartphone aus.

Das bedeutet konkret, dass Du auf Deinem Display keine Push-Nachrichten mehr angezeigt werden und Du auch keine Zahl über einer App siehst, die Dir z.B. die Anzahl Deiner neuen E-Mails anzeigt. Du musst nun eine App ganz bewusst öffnen, um zu sehen, ob es Neuigkeiten gibt. Und genau darum geht es: Du entscheidest bewusst, wofür Du Deine Zeit nutzt und bist nicht reaktiv.

Falls Du dies bereits getan und unter Kontrolle hast, sind wir uns sicher, dass Du bei einem anderen der oben genannten Störfaktoren noch Optimierungspotenzial findest.

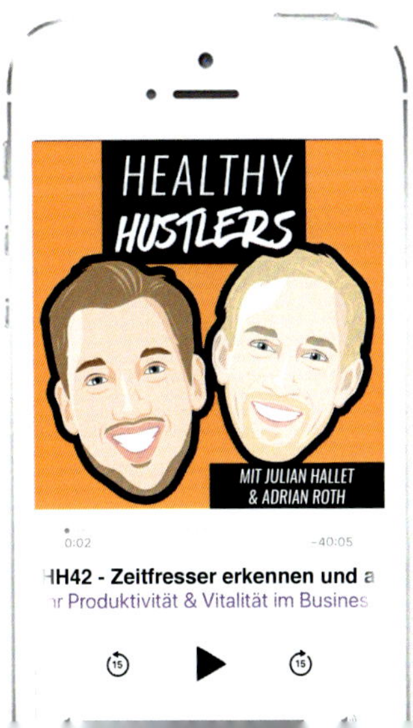

GARANTIERT KEIN ZEITFRESSER

Unser Podcast!

HH42 -
Zeitfresser erkennen und ausschalten

IVAN BLATTER

PERSONAL TRAINER FÜR NEUES ZEITMANAGEMENT

„ARBEITE NICHT HÄRTER, SONDERN KLÜGER."

Nach meinem Studium arbeitete ich als Projektleiter im öffentlichen Dienst und der Privatwirtschaft, durfte aber schnell feststellen, dass mir dadurch die nötige Freiheit gefehlt hat, um wirklich zufrieden zu sein. Da ich schon seit dem Studium daran interessiert war, wie ich mich effektiv und effizient organisieren kann und hunderte Bücher und Artikel rund um Zeitmanagement, Persönlichkeitsentwicklung und Motivation verschlungen habe, bin ich über einen eigenen Blog zu diesen Themen nach und nach in die Selbstständigkeit gestartet. Ich helfe einerseits Solopreneuren und Unternehmern, ihr persönliches Zeitmanagement zu verbessern, sodass sie ihr volles Potential umsetzen können für ein erfolgreiches Business mit mehr Freude und Motivation. Andererseits unterstütze ich Unternehmen dabei, die Produktivität ihrer Teams zu erhöhen und so Ziele schneller zu erreichen.
Über die Jahre habe ich unzählige Methoden in meinen eigenen Arbeitsalltag integriert, sie ausführlich getestet und handle gerne nach dem Motto von Albert Einstein: „Alles sollte so einfach wie möglich gemacht werden, aber nicht einfacher." Ich bin der Meinung, dass es nicht die eine Lösung oder Methode gibt, die für alle passt. Jeder braucht sein eigenes, persönliches, individuelles Zeitmanagement.

Zeitmanagement

- *Ist viel mehr als To-do-Listen und die Pflege von Kalendern:*
- *Übersicht – bessere Übersicht über Aufgaben*
- *Fokus – sich auf die wichtigen Dinge fokussieren*
- *Prioritäten – besser Prioritäten setzen*
- *Energiemanagement – die eigene Energie optimal regulieren*
- *Es geht darum Dich so aufzustellen, dass Du Dein volles Potenzial auf die Straße bringst und umsetzen kannst.*

Gewohnheiten

- *Ein erfolgreiches Zeitmanagement basiert zu mindestens 80% auf erfolgreichen Gewohnheiten.*
- *„Jetzt" statt aufschieben: Gewöhne Dir an, „Jetzt" als Standard-Modus zu nutzen. Du packst Aufgaben direkt an und verschiebst nichts.*
- *Ordnung halten: Je größer das Chaos, desto weniger der Durchblick. Das gilt besonders für den Schreibtisch. Unordnung lenkt ab. Also weg damit.*
- *Aufgaben bündeln: Ähnliche Aufgaben am besten am Stück abarbeiten. Also z.B. Anrufe, Nachrichten oder Rechnungen.*
- *Wochenrückblick: Blicke auf die vergangene und die kommende Woche, aktualisiere Deine Arbeitsorganisation und reflektiere Deine Ziele.*
- *Wichtiger Bestandteil des Energiemanagements ist das Morgenritual – denn wie Du den Tag beginnst, so wird er auch verlaufen.*
- *Ideal ist es, wenn Du die wichtigsten Bereiche berücksichtigst:*
- *Physisch – Bewegung oder Sport*
- *Intellektuell – Ein Buch lesen oder einen Podcast hören*
- *Emotional – Meditation, beten, Tagebuch führen*
- *Etabliere Dein eigenes, individuelles Morgenritual lieber täglich in einem kleinen Umfang, als alle paar Wochen ein längeres durchzuführen.*

Team-Performance

- *Übersicht: Weißt Du, was Deine Kollegen den ganzen Tag machen? Transparenz über Aufgaben mit Team-Produktivitätstools helfen.*
- *Fokus: Sicher kennst Du auch die Worte „Kannst Du mal schnell", die Dich aus Deinem Fokus reißen. Hier empfiehlt sich offene Kommunikation.*
- *Prioritäten: Kennst Du neben Deinen Zielen die Ziele Deines Teams, Deines Unternehmens, Deine eigene Rolle im Ganzen?*

MORGEN

__ . __ . ____

M D M D F S S

DANKBARKEIT

POSITIVE SELBSTBEKRÄFTIGUNG

PRIORITÄT DES TAGES

DENKANSTOSS

„Was macht disziplinierte Menschen aust? Die Fähigkeit, an Ablenkungen vorbeizukommen. Konzentriere Dich auf die anstehende Aufgabe.“ - Bill Parcells

MORGENROUTINE

Aufstehzeit

:

Routine

ABEND

ERFOLGE DES TAGES

ERKENNTNISSE DES TAGES

DAS MACHE ICH MORGEN BESSER

DARAUF FREUE ICH MICH MORGEN

ABENDROUTINE

Schlafenszeit :

Routine

MORGEN

_ . _ . ___
M D M D F S S

DANKBARKEIT

POSITIVE SELBSTBEKRÄFTIGUNG

PRIORITÄT DES TAGES

DENKANSTOSS

Womit verschwendest Du am meisten Zeit?

MORGENROUTINE

Aufstehzeit

:

Routine

ABEND

ERFOLGE DES TAGES

ERKENNTNISSE DES TAGES

DAS MACHE ICH MORGEN BESSER

DARAUF FREUE ICH MICH MORGEN

ABENDROUTINE

Schlafenszeit

:

Routine

VITALITÄT: **FASTEN**

Für die meisten Menschen ist es selbstverständlich, 3-4 Mahlzeiten über den Tag verteilt zu festen Uhrzeiten einzunehmen. Doch ist das wirklich optimal für unsere Gesundheit und unser Wohlbefinden? Als Säugling haben wir noch ein sehr natürliches Gefühl für Hunger, Durst und Sättigung, unsere sogenannten "Primärbedürfnisse".[4] Diese zählen zu den lebensnotwendigen Bedürfnissen unseres Organismus und werden im Laufe der Zeit immer mehr von sekundären Reizen überschrieben. Dabei handelt es sich um Verhaltensweisen, die wir uns durch äußere Einflüsse in einem langjährigen Lernprozess angeeignet haben. Dadurch ist die Uhrzeit, zu der wir essen, nicht mehr von unserem Hungergefühl abhängig, sondern richtet sich danach, wann die Mehrheit der Menschen isst. Auch die Menge, die wir essen, wird uns durch bestimmte Verpackungsgrößen vorgegeben.

Um uns unseren natürlichen Bedürfnissen wieder anzunähern und ein gesundes Essverhalten zu entwickeln, bietet sich die Methode des intermittierenden Fastens an. Hierbei fastet man täglich mindestens 16 Stunden und hat somit noch 8 Stunden zur Verfügung, um Mahlzeiten einzunehmen.

Dadurch entlastest Du deinen Organismus, da Du ihm wieder mehr Zeit zum Entgiften gibst und reduzierst somit das Risiko für altersbedingte Krankheiten. Denn intermittierendes Fasten führt unter anderem zu verminderten Blutzucker- und Insulinwerten, wodurch die Bildung von protektiven Proteinen und antioxidativ wirksamen Enzymen stimuliert wird.[5] Außerdem steigt die körperliche sowie geistige Leistungsfähigkeit in den Phasen der Nahrungskarenz, also der Verzicht auf Nahrung, im Laufe der Zeit enorm an.

Aufgrund dieser gesundheitlichen Vorteile frühstücken wir in der Regel erst um 12.00 Uhr mittags und nehmen unser Abendessen gegen 19.30 Uhr ein. Somit fasten wir täglich 16 Stunden in denen wir viel trinken und nehmen 2-3 Mahlzeiten in einem Zeitfenster von 8 Stunden zu uns. Doch das haben wir nicht von heute auf morgen etabliert. Zu Beginn ist es ratsam (insbesondere in Hinblick auf das Frühstück) sich langsam zu steigern und die Dauer der Nahrungskarenz nach und nach zu erhöhen. Denn es kann einige Wochen dauern, bis sich der Körper an den neuen Rhythmus gewöhnt hat und die positiven Effekte spürbar werden.

FASTEN-CHALLENGE

VERSUCHE 16 STUNDEN ZU FASTEN.

Wann Du Deine Fast beginnst, bleibt Dir überlassen. Achte in der Fastenzeit darauf, dass Du ausreichend Flüssigkeit zu Dir nimmst, ohne dabei auf gesüßte Getränke zurückzugreifen. Beispiel: solltest Du Dein Frühstück um 10 Uhr einnehmen, darfst Du Dir um spätestens 18 Uhr eine letzte Mahlzeit genehmigen und Deine Fast erst wieder am Folgetag um 10 Uhr brechen. Viel Spaß beim Ausprobieren! Vielleicht können wir Dich ja auch langfristig von diesem Konzept überzeugen.

MORGEN

__ . __ . ____

M D M D F S S

DANKBARKEIT

POSITIVE SELBSTBEKRÄFTIGUNG

PRIORITÄT DES TAGES

DENKANSTOSS

„Ich faste für größere körperliche und geistige Leistungsfähigkeit." - Plato

MORGENROUTINE

Aufstehzeit

:

Routine

ABEND

ERFOLGE DES TAGES

ERKENNTNISSE DES TAGES

DAS MACHE ICH MORGEN BESSER

DARAUF FREUE ICH MICH MORGEN

ABENDROUTINE

Schlafenszeit

:

Routine

MORGEN

__ . __ . ____

M D M D F S S

DANKBARKEIT

POSITIVE SELBSTBEKRÄFTIGUNG

PRIORITÄT DES TAGES

DENKANSTOSS

„Du kannst immer eine Ablenkung finden, wenn Du nach einer suchst.“ - Tom Kite

MORGENROUTINE

Aufstehzeit

:

Routine

ABEND

ERFOLGE DES TAGES

ERKENNTNISSE DES TAGES

DAS MACHE ICH MORGEN BESSER

DARAUF FREUE ICH MICH MORGEN

ABENDROUTINE

Schlafenszeit :

Routine

MORGEN

__.__.____

M D M D F S S

DANKBARKEIT

POSITIVE SELBSTBEKRÄFTIGUNG

PRIORITÄT DES TAGES

DENKANSTOSS

„Jeder kann zaubern, jeder kann seine Ziele erreichen, wenn er denken kann, wenn er warten kann, wenn er fasten kann."
- Hermann Hesse

MORGENROUTINE

Aufstehzeit

:

Routine

ABEND

ERFOLGE DES TAGES

ERKENNTNISSE DES TAGES

DAS MACHE ICH MORGEN BESSER

DARAUF FREUE ICH MICH MORGEN

ABENDROUTINE

Schlafenszeit :

Routine ☐

MORGEN

__ . __ . ____

M D M D F S S

DANKBARKEIT

POSITIVE SELBSTBEKRÄFTIGUNG

PRIORITÄT DES TAGES

DENKANSTOSS

Wieviel Zeit verwendest Du jeden Tag für Social Media?

MORGENROUTINE

Aufstehzeit

:

Routine

ABEND

ERFOLGE DES TAGES

ERKENNTNISSE DES TAGES

DAS MACHE ICH MORGEN BESSER

DARAUF FREUE ICH MICH MORGEN

ABENDROUTINE

Schlafenszeit :

Routine

MORGEN

__ . __ . ____

M D M D F S S

DANKBARKEIT

___

___

___

POSITIVE SELBSTBEKRÄFTIGUNG

___

___

___

PRIORITÄT DES TAGES

___

DENKANSTOSS

Was war bisher die längste Zeit,
die Du ohne Essen ausgekommen bist?

MORGENROUTINE

Aufstehzeit

:

Routine

☐

ABEND

ERFOLGE DES TAGES

ERKENNTNISSE DES TAGES

DAS MACHE ICH MORGEN BESSER

DARAUF FREUE ICH MICH MORGEN

ABENDROUTINE

Schlafenszeit

:

Routine

WOCHEN **ABSCHLUSS**

TOP 3 **ERFOLGE**

___

___

___

TOP 3 **ERKENNTNISSE**

___

___

___

DAS MACHE ICH **NÄCHSTE WOCHE BESSER**

___

___

REFLEKTION DER **CHALLENGES**

NOTIFICATIONS ___

___

___

FASTEN ___

___

___

PUNKTZAHL | / 2 |

WOCHEN **AUSBLICK**

MO

DI

MI

DO

FR

SA

SO

LEVEL 9

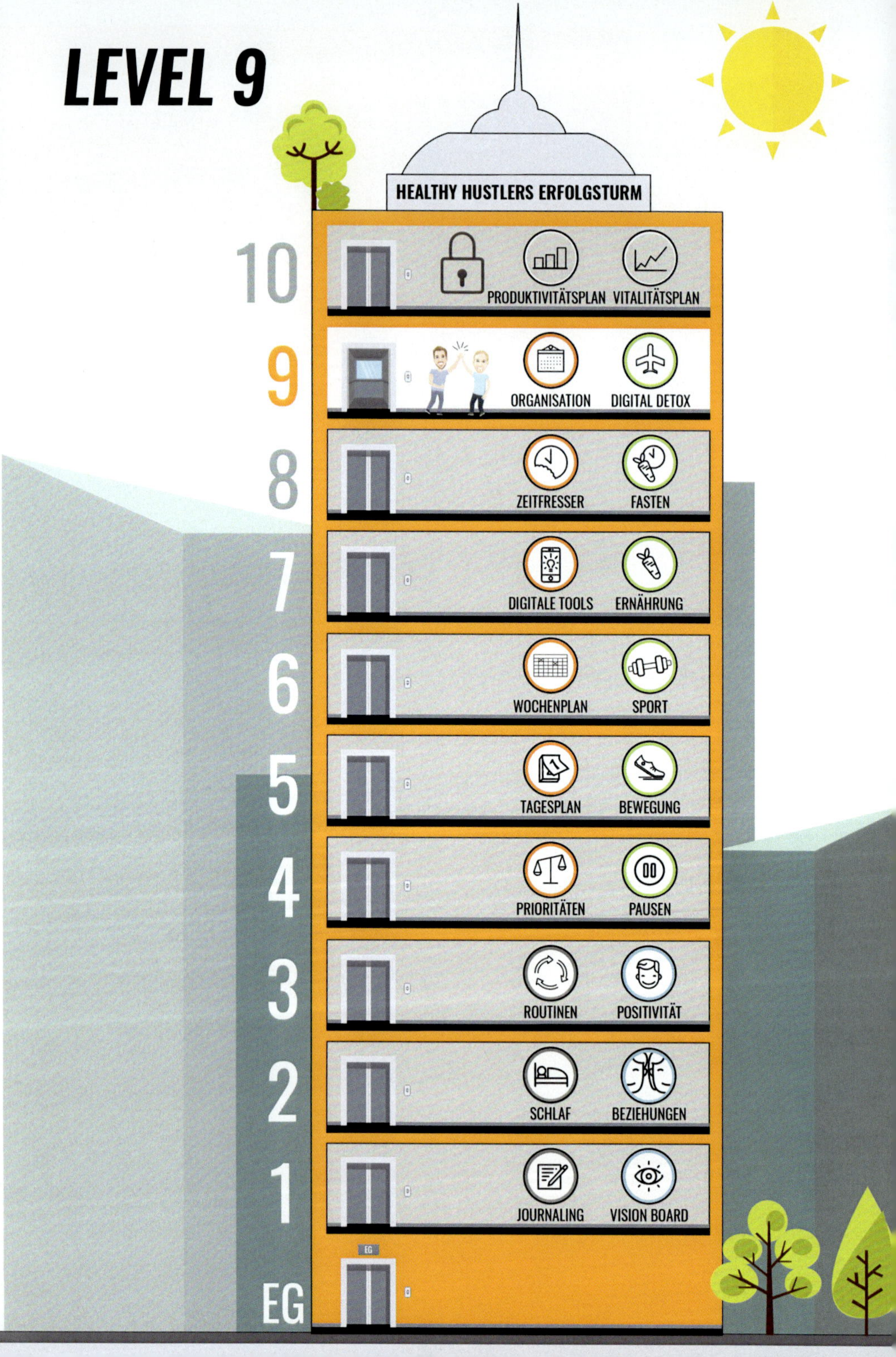

HEALTHY HUSTLERS ERFOLGSTURM
10
PRODUKTIVITÄTSPLAN
VITALITÄTSPLAN
9
ORGANISATION
DIGITAL DETOX
8
ZEITFRESSER
FASTEN
7
DIGITALE TOOLS
ERNÄHRUNG
6
WOCHENPLAN
SPORT
5
TAGESPLAN
BEWEGUNG
4
PRIORITÄTEN
PAUSEN
3
ROUTINEN
POSITIVITÄT
2
SCHLAF
BEZIEHUNGEN
1
JOURNALING
VISION BOARD
EG
EG

PRODUKTIVITÄT: ORGANISATION

Gut organisiert zu sein bedeutet einerseits ein gutes Selbstmanagement zu besitzen, andererseits die bestmöglichen Arbeitsbedingungen zu schaffen, um sich nicht an Kleinigkeiten aufhalten zu müssen. Durch unsere Inhalte sowie Challenges aus den Bereichen Priorisierung, Planung, digitale Tools und Zeitmanagement, hast Du Dein Selbstmanagement hoffentlich schon deutlich verbessern können. Da Organisation jedoch ein sehr umfangreiches und praxisorientiertes Thema ist, wird es sicherlich noch einige Zeit in Anspruch nehmen, bis Du Dein Leben entsprechend unserer Empfehlungen ausgerichtet hast. Da kleine organisatorische Änderungen einen direkten Effekt erzielen, widmen wir uns den Störfaktoren, die Du im Laufe der Zeit angesammelt hast und die Dich in Deiner tagtäglichen Arbeitsweise beeinträchtigen. Es sind To-dos der anderen Art, die jeden Tag auf uns lauern, uns daran erinnern endlich angepackt zu werden, doch nicht so prominent sind, dass wir sie als wichtig erachten. Doch mit jedem einzelnen Gedanken, den wir an sie "verschwenden", geht ein Teil unserer kostbaren Willenskraft und Entscheidungskapazität verloren. Und wofür? Damit wir in einer Woche wieder erinnert werden, sich wieder nichts ändert, und wir das Thema wieder vertagen.

Wenn bei Dir immer noch nicht der Groschen gefallen ist, dann machen wir es jetzt ganz konkret.

Physisch

- *Der Schreibtisch, der nicht aufgeräumt ist und vor versteckten To-dos nur so wimmelt, z.B. Briefe, die seit Tagen nicht geöffnet sind.*
- *Schubladen mit unzähligen Gegenständen, die Du nicht mehr brauchst und eigentlich längst schon verschenken, verkaufen oder verschrotten wolltest.*
- *Gegenstände, die nicht mehr funktionieren oder kaputt sind und die Du schon längst repariert haben wolltest und Dich immer wieder aufregst, dass Du es nicht gemacht hast, wenn Du sie dann doch mal brauchst.*
- *Der Keller, der meist im Chaos versinkt, weil Du ihn so selten nutzt. Und dann brauchst Du etwas, das vergraben in der Ecke liegt und musst eine Stunde wühlen, um es zu finden.*
- *Das alte Möbelstück, das Du schon lange gegen ein neues ersetzen wolltest und Dich bei jedem Anblick wieder daran erinnert.*

Digital

- *Notizen, die Du mal wieder in der Eile komisch benannt hast und die jetzt in Deinem Orbit verschwunden sind.*
- *Fotos, Bilder oder sonstige Dateien, die auf Deinem Desktop oder sonst wo herumschwirren, weil Du sie irgendwann "in Ruhe" alle sortieren wolltest.*
- *E-Mails, die seit Wochen gelesen sind aber mit deren Beantwortung Du Dir immer noch Zeit lässt, weil es ja nicht so wichtig ist. Doch irgendwie denkst Du doch öfter mal daran.*
- *Apps auf dem Smartphone, deren Anordnung keinen Sinn ergibt und die Dich deshalb ständig nerven oder Apps, die Du seit Ewigkeiten nicht mehr nutzt.*
- *Externe Festplatten, auf denen alte Schätze vergraben sind, die es zu bergen gilt.*

Die Listen könnten wir noch ein paar Seiten fortführen. Aber Du weißt jetzt sicher, was wir meinen und hast beim Lesen vielleicht schon das ein oder andere erkannt oder Dir ist etwas in den Sinn gekommen, das in die jeweilige Liste passt. Wenn Du die Bremse der Störfaktoren gelöst und die Optimierungen identifiziert hast, wirst Du einen zusätzlichen Produktivitäts-Turbo spüren.

ORGANISATIONS-CHALLENGE

Suche Dir jeweils einen Gegenstand aus den folgenden Kategorien aus und führe die entsprechende Handlung an einem Tag durch oder stoße sie an:

- *Verkaufen: Vor allem Elektronik lässt sich gut zu Geld machen (z.B. Smartphones, Laptops, Fernseher, etc.)*
- *Verschenken: Kleine Dinge, die auf den ersten Blick keinen Wert für uns haben, aber anderen Menschen eine Freude bereiten (Alte DVDs, Geldbörse, Kleidung, Bücher etc.)*
- *Verschrotten: Alles, was sich weder verkaufen lässt noch jemandem eine Freude macht (Sehr alte Möbel, defekte Elektrogeräte, benutzte Küchenutensilien, etc.)*

KARL ESS

SERIENUNTERNEHMER UND FITNESS-YOUTUBER

"DON'T TALK ABOUT IT, BE ABOUT IT."

Bei mir hat 2012 alles mit meinem YouTube-Kanal begonnen, durch den ich mir eine hohe Reichweite aufbauen und mit meinem ersten Online-Programm bereits einen monatlichen Umsatz von über 100.000 € erzielen konnte. Mittlerweile habe ich neben meinem YouTube-Kanal zahlreiche Unternehmen wie Yuicery, Profuel, Gym Aesthetices u.v.m. aufgebaut, die ich zum Teil noch selbst manage. Daher muss ich mich extrem gut organisieren, um hauptsächlich den Dingen Aufmerksamkeit schenken zu können, die mich und meine Projekte langfristig weiterbringen. Dafür habe ich im Laufe der Zeit ganz bestimmte Strategien entwickelt. Diese Strategien helfen mir als Unternehmer enorm weiter, sind für Angestellte allerdings nicht immer anwendbar. Wenn Du also angestellt sein solltest, dann betrachte meine Tipps einfach als Inspiration und überlege Dir, was davon für Dich praktikabel ist oder was Du so verändern kannst, dass es auch für Dich umsetzbar ist. Zudem erfordern meine Strategien eine Menge Disziplin, sind nicht leicht zu etablieren und vor allem etwas für Menschen, die sich darüber bewusst sind, dass sie Opfer bringen müssen, um maximal erfolgreich sein zu können. Let's go.

Die vier wichtigsten Lebensbereiche, in denen Du gut organisiert sein solltest:

Zeit: Wenn Du Deine Zeit in die falschen Menschen und Projekte investierst, wirst Du nicht weiterkommen. Genauso solltest Du Deinen Mitmenschen bewusst machen, wie wichtig Dir Pünktlichkeit und wie wertvoll Dir Deine Zeit ist.

Finanzen: Gut organisierte Finanzen und finanzielle Intelligenz sind unabdingbar, wenn Du langfristig erfolgreich sein möchtest. Habe daher immer einen ganz genauen Überblick über Deine Ausgaben sowie Erträge und bilde Dich stetig weiter.

Energie: Sehr gute Leistungen kannst Du nur mit hochwertiger Ernährung und einer guten körperlichen Fitness erbringen. Mein Fitnessprogramm übe ich beispielsweise immer nur mit 80-prozentiger Intensität aus, sodass ich durch Sport Energie erhalte und nicht verliere. Intermittierendes Fasten hilft mir dabei, maximal produktiv und energiegeladen zu sein. Ich faste daher die ersten 6 Stunden des Tages. Denn ein direktes Frühstück macht unproduktiv, unfokussiert und raubt Dir Energie.

Emotionen: Lege Prinzipien und Regeln fest, die Dich dabei unterstützen, keine emotionale Energie für unwichtige Dinge zu verschwenden und Entscheidungskapazität zu sparen. Beispielsweise diskutiere ich nicht über Kleinigkeiten und überlege mir nicht jeden Tag aufs Neue, was ich anziehe, sondern trage 6 von 7 Tagen das gleiche Outfit.

So organisiere ich mich:

- Ich unterteile ein Projekt immer in 3 Aufgaben: Zielsetzung, Planung, Umsetzung. Vielen Menschen wird jedoch erst während der Umsetzung klar, dass sie sich nicht genügend Zeit für diesen Prozess genommen haben, sodass Projekte dann doch länger dauern und Produktivität verloren geht. Nur wenn Zielsetzung und Planung gut vorbereitet sind, kannst Du Dich voll auf die Umsetzung fokussieren und bestmögliche Ergebnisse erzielen.
- Mein Tag ist in 3-4 Zeitblöcke unterteilt, die zwischen 90-120 Minuten dauern und in denen ich telefonisch nicht erreichbar bin. Innerhalb dieser Blöcke mache ich die wichtigen und kreativen Aufgaben zu Beginn des Tages. Die nicht so wichtigen Dinge, wie beispielsweise Mails, folgen erst danach. Zwischen den Blöcken mache ich mindestens 30 Minuten Pause.
- Gleiche Aufgaben werden bei mir gebündelt. So lege ich mir Telefonate oder Meetings immer auf einen Tag, um im "Flow" sein zu sein und an den anderen Tagen ungestört arbeiten zu können.
- Ich stehe sehr früh auf. In den ersten Stunden des Tages bist Du noch ungestört und kannst Dich den für Dich wichtigsten Dingen in Ruhe widmen. Ich starte meinen Tag beispielsweise bereits um 05:30 Uhr. Mein Handy bleibt dabei die ersten 2 Stunden des Tages aus.

MORGEN

__ . __ . ____

M D M D F S S

DANKBARKEIT

POSITIVE SELBSTBEKRÄFTIGUNG

PRIORITÄT DES TAGES

DENKANSTOSS

„Für jede Minute, die Du für Organisation aufbringst, wirst Du eine Stunde erhalten." - Benjamin Franklin

MORGENROUTINE

Aufstehzeit

:

Routine

ABEND

ERFOLGE DES TAGES

ERKENNTNISSE DES TAGES

DAS MACHE ICH MORGEN BESSER

DARAUF FREUE ICH MICH MORGEN

ABENDROUTINE

Schlafenszeit

:

Routine

MORGEN

__ . __ . ____

M D M D F S S

DANKBARKEIT

POSITIVE SELBSTBEKRÄFTIGUNG

PRIORITÄT DES TAGES

DENKANSTOSS

„Organisieren ist das, was du tust, bevor du etwas tust. Sodass wenn du es tust, nicht alles durcheinander ist." - A.A. Milne

MORGENROUTINE

Aufstehzeit

:

Routine

ABEND

ERFOLGE DES TAGES

ERKENNTNISSE DES TAGES

DAS MACHE ICH MORGEN BESSER

DARAUF FREUE ICH MICH MORGEN

ABENDROUTINE

Schlafenszeit

:

Routine

VITALITÄT: **DIGITAL DETOX**

Auch wenn die Digitalisierung grundsätzlich zahlreiche Vorteile bietet, kann uns der falsche Umgang mit dem Computer, Smartphone & Co eine Menge Zeit kosten. Das gilt vor allem für das Smartphone, da es immer mehr Aufgaben für uns übernimmt und somit unentbehrlich geworden ist. Forscher, die über eine App das Verhalten von 60.000 Smartphone-Nutzern ausgewertet haben, kamen zu dem Ergebnis, dass auf täglicher Basis 88 Mal zum Smartphone gegriffen wird. Das entspricht einem Rhythmus von ca. allen 18 Minuten.[1] Leider gelten in Deutschland bereits 270.000 junge Menschen als internetsüchtig.[2] Denn wie bei Alkohol oder Nikotin kann der übermäßige Gebrauch des Smartphones schnell süchtig machen, da alle Nachrichten, die wir erhalten, eine Ausschüttung des Glückshormons Dopamin bewirken. Und das in einem Übermaß, welches absolut unnatürlich ist und uns somit schaden kann.[3]

Auch wir haben festgestellt, dass unser Smartphone viel zu oft die Oberhand gewinnt und versuchen daher bestmöglich, unsere Smartphone-Nutzung wieder zu etwas Exklusivem zu machen. Egal, ob während der Morgen- und Abendroutine, beim Essen mit Freunden oder im Bett - unser kleiner Begleiter muss leider draußen bzw. drinnen bleiben. Auch wenn es sich anfangs ungewohnt anfühlt, darf das Smartphone auch einfach mal zu Hause oder im Flugmodus bleiben. So verbessern wir die Qualität unserer Beziehungen und gewöhnen uns ab, immer eine Beschäftigung zu brauchen sowie ständig erreichbar zu sein. Zusätzlich haben wir unser Schlafzimmer wieder zu einer echten Ruhestätte gemacht. Denn elektronische Signale wirken sich negativ auf unseren empfindlichen Organismus aus.[4]

Auch wenn sich Experten noch nicht ganz einig darüber sind, wie stark Elektrosmog unserer Gesundheit schadet, hat ein Fernseher, Computer, Router oder Smartphone nichts in unserem Schlafzimmer zu suchen. Alles, was Strahlung, Geräusche oder Helligkeit abgibt, haben wir daher aus unseren Zimmern verbannt. Das einzige Gerät, das sich mit uns das Schlafzimmer teilen darf, ist der gute alte Wecker.

DIGITAL-DETOX-CHALLENGE

Mache Dein Schlafzimmer zu einer elektronikfreien Zone, indem Du alle technischen Geräte auslagerst.

Verzichte zudem einen Abend lang ab 20:00 Uhr auf Dein Smartphone und lasse es in einem anderen Raum Deiner Wohnung, sobald Du schlafen gehst.

MORGEN

_ . _ . _

M D M D F S S

DANKBARKEIT

POSITIVE SELBSTBEKRÄFTIGUNG

PRIORITÄT DES TAGES

DENKANSTOSS

Wie fühlst Du Dich, wenn Dein gegenüber lieber auf sein Smartphone schaut, als Dir Aufmerksamkeit zu schenken?

MORGENROUTINE

Aufstehzeit

:

Routine

ABEND

ERFOLGE DES TAGES

ERKENNTNISSE DES TAGES

DAS MACHE ICH MORGEN BESSER

DARAUF FREUE ICH MICH MORGEN

ABENDROUTINE

Schlafenszeit

:

Routine

MORGEN

_ . _ . ___

M D M D F S S

DANKBARKEIT

POSITIVE SELBSTBEKRÄFTIGUNG

PRIORITÄT DES TAGES

DENKANSTOSS

Wie würde Deine Wohnung oder Dein Haus aussehen,
wenn Deine Schwiegereltern zu Besuch kämen?

MORGENROUTINE

Aufstehzeit

:

Routine

ABEND

ERFOLGE DES TAGES

ERKENNTNISSE DES TAGES

DAS MACHE ICH MORGEN BESSER

DARAUF FREUE ICH MICH MORGEN

ABENDROUTINE

Schlafenszeit

:

Routine

MORGEN

__ . __ . ____

M D M D F S S

DANKBARKEIT

POSITIVE SELBSTBEKRÄFTIGUNG

PRIORITÄT DES TAGES

DENKANSTOSS

„Wir sind so beschäftigt, auf das zu achten, was wir vor uns haben, dass wir uns keine Zeit nehmen, um zu genießen, wo wir sind.“ - Bill Watterson

MORGENROUTINE

Aufstehzeit :

Routine

ABEND

ERFOLGE DES TAGES

ERKENNTNISSE DES TAGES

DAS MACHE ICH MORGEN BESSER

DARAUF FREUE ICH MICH MORGEN

ABENDROUTINE

Schlafenszeit

:

Routine

MORGEN

__.__.____

M D M D F S S

DANKBARKEIT

POSITIVE SELBSTBEKRÄFTIGUNG

PRIORITÄT DES TAGES

DENKANSTOSS

„Du kannst alle Bilder machen, die Du willst, aber Du kannst den Moment niemals auf die gleiche Weise wieder erleben.“
- Audrey Regan

MORGENROUTINE

Aufstehzeit :

Routine

ABEND

ERFOLGE DES TAGES

ERKENNTNISSE DES TAGES

DAS MACHE ICH MORGEN BESSER

DARAUF FREUE ICH MICH MORGEN

ABENDROUTINE

Schlafenszeit :

Routine

MORGEN

_._._____

M D M D F S S

DANKBARKEIT

POSITIVE SELBSTBEKRÄFTIGUNG

PRIORITÄT DES TAGES

DENKANSTOSS

„Je mehr du hast, desto mehr bist du beschäftigt. Je weniger du hast, desto freier bist du.“ - Mutter Teresa

MORGENROUTINE

Aufstehzeit

:

Routine

ABEND

ERFOLGE DES TAGES

ERKENNTNISSE DES TAGES

DAS MACHE ICH MORGEN BESSER

DARAUF FREUE ICH MICH MORGEN

ABENDROUTINE

Schlafenszeit

:

Routine

WOCHEN **ABSCHLUSS**

TOP 3 **ERFOLGE**

___

___

___

TOP 3 **ERKENNTNISSE**

___

___

___

DAS MACHE ICH **NÄCHSTE WOCHE BESSER**

___

___

REFLEKTION DER **CHALLENGES**

ORGANISATION ___

___

___

DIGITAL DETOX ___

___

___

PUNKTZAHL | / 2 |

WOCHEN **AUSBLICK**

MO

DI

MI

DO

FR

SA

SO

LEVEL 10

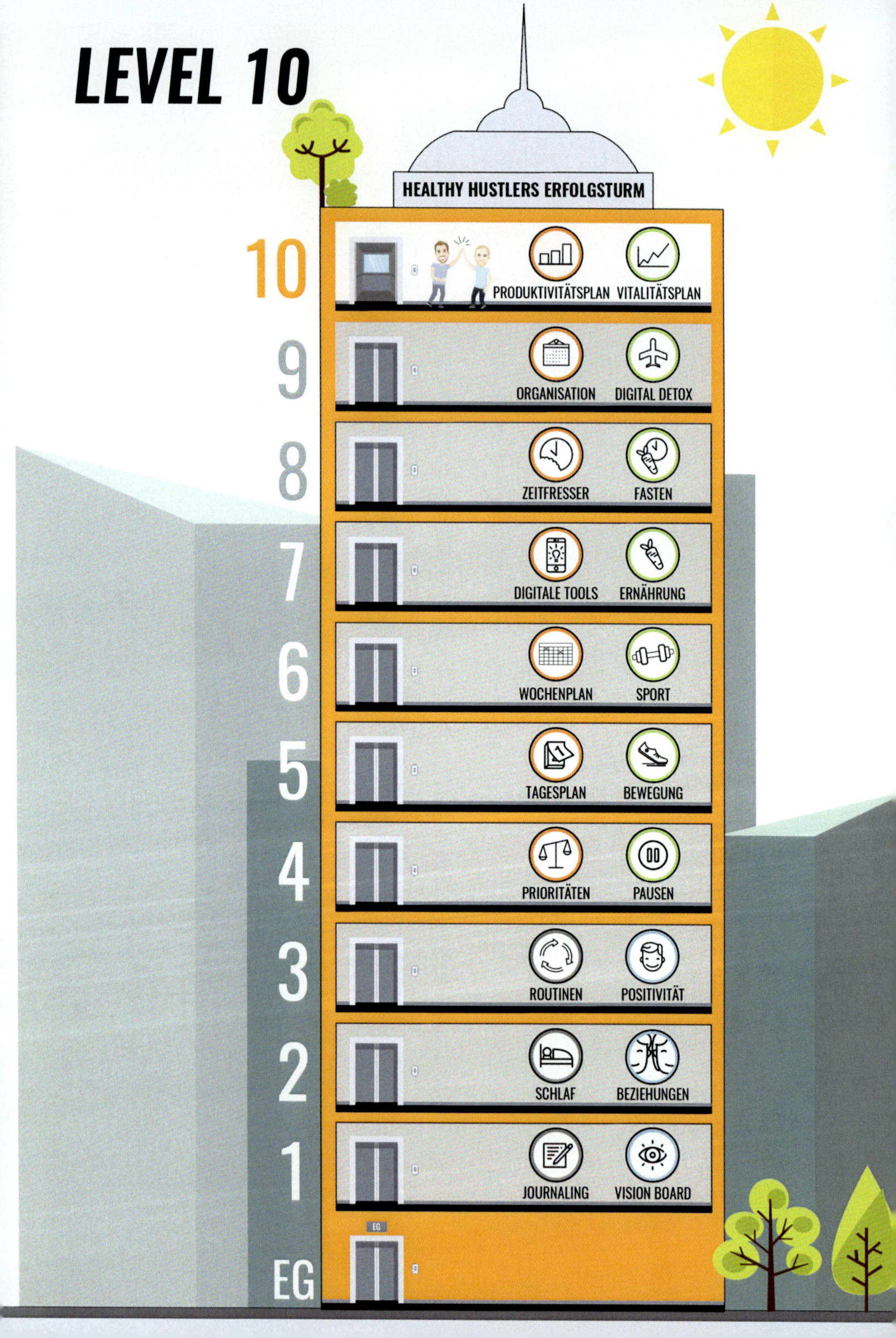

HEALTHY HUSTLERS ERFOLGSTURM
10
PRODUKTIVITÄTSPLAN
VITALITÄTSPLAN
9
ORGANISATION
DIGITAL DETOX
8
ZEITFRESSER
FASTEN
7
DIGITALE TOOLS
ERNÄHRUNG
6
WOCHENPLAN
SPORT
5
TAGESPLAN
BEWEGUNG
4
PRIORITÄTEN
PAUSEN
3
ROUTINEN
POSITIVITÄT
2
SCHLAF
BEZIEHUNGEN
1
JOURNALING
VISION BOARD
EG

ACTION-PLAN

Erinnerst Du Dich an das Erfolgsmodell aus der Einleitung? Kontinuierliche Verbesserung ist das, was das ganze Modell und damit unseren Lifestyle umschließt bzw. ausmacht.

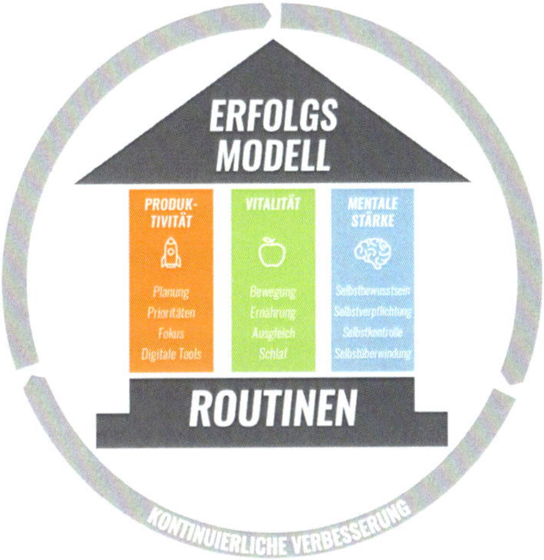

Du hast bereits neun harte Level gemeistert und bist nun im zehnten und damit finalen Level angekommen. Hier geht es darum Dir aufzuzeigen, dass die Reise in den Bereichen Produktivität, Vitalität und mentale Stärke niemals zu Ende ist und wir immer weiter wachsen dürfen. Das gilt übrigens auch für alle anderen Bereiche Deines Lebens. Wir dürfen immer weiter an uns arbeiten und unser Selbstmanagement und unseren vitalen Lifestyle optimieren. Indem wir immer wieder lernen, reflektieren, weiterentwickeln, ausprobieren, Finetuning betreiben, Dinge komplett über den Haufen werfen und vor allem Spaß daran haben, jeden Tag ein Stückchen besser zu werden. Auch wir, die die Elemente des Erfolgsmodells schon eine ganze Weile leben, lernen jeden Tag etwas dazu, sind offen für Neues und genießen den Weg der kontinuierlichen Verbesserung.

Du hast in den vergangenen Levels und Wochen das Journaling etabliert, Dich mit dem Thema Schlaf und Routinen beschäftigt und insgesamt 6 Challenges zu Produktivität, 6 zu Vitalität und 3 zu mentaler Stärke von uns zum Ausprobieren erhalten. Doch bevor unsere 10-Wochen-Transformation vorbei ist und wir Dich in Deine eigene Reise entlassen, wollen wir Dir noch zwei ganz besondere und wichtige Challenges mitgeben. Nun geht es insbesondere um die Impulse und Techniken aus den Bereichen Produktivität und Vitalität. Wie wir bereits in der Einleitung erwähnt haben, ist es unmöglich, alle Impulse aus dem ERFOLGS-COACH in Dein Leben zu integrieren und auch gar nicht Sinn der Sache. Jeder Mensch ist unterschiedlich und hat sehr verschiedene Präferenzen. Daher darfst Du für Dich in diesem Level in zwei Challenges reflektieren, welche Impulse und Techniken Dir besonders gut gefallen haben oder für Dich besonders effektiv waren und Du sie deshalb über den ERFOLGSCOACH hinaus in Deinen Alltag integrieren willst. So stellst Du sicher, dass Du auch nach unserem 10-Wochen-Programm von unseren Inhalten profitierst, Deine Produktivität und Vitalität gesteigert hast und weiter steigerst und daher nachhaltig erfolgreich bist.

! BUCHEMPFEHLUNG:
7 Habits Of Highly Effective People von Stephen R. Covey

ACTION-PLAN-CHALLENGE

Reflektiere alle Challenges aus dem Bereich Produktivität und Vitalität. Notiere, welche Techniken und Impulse Du beibehalten willst und wie genau Du sie in Deinen Alltag integrierst. Du beginnst jetzt mit dem Produktivitätsplan und am Mittwoch folgt der Vitalitätsplan.

PRODUKTIVITÄTSPLAN

Level 4: *Prioritäten*

Level 5: *Tagesplan*

Level 6: *Wochenplan*

Level 7: *Digitale Tools*

Level 8: *Zeitfresser*

Level 9: *Organisation*

MORGEN

___.___._____

M D M D F S S

DANKBARKEIT

____

____

____

POSITIVE SELBSTBEKRÄFTIGUNG

____

____

____

PRIORITÄT DES TAGES

____

DENKANSTOSS

„Ohne kontinuierliches Wachstum und Fortschritt haben Worte wie Verbesserung, Leistung und Erfolg keine Bedeutung."
- Benjamin Franklin

MORGENROUTINE

Aufstehzeit	Routine
:	☐

ABEND

ERFOLGE DES TAGES

ERKENNTNISSE DES TAGES

DAS MACHE ICH MORGEN BESSER

DARAUF FREUE ICH MICH MORGEN

ABENDROUTINE

Schlafenszeit

:

Routine

MORGEN

__ . __ . ____

M D M D F S S

DANKBARKEIT

POSITIVE SELBSTBEKRÄFTIGUNG

PRIORITÄT DES TAGES

DENKANSTOSS

„Wenn Dir alles gelingt, was Du versuchst,
dann versuchst Du nicht genug." - Gordon Moore

MORGENROUTINE

Aufstehzeit :

Routine

ABEND

ERFOLGE DES TAGES

ERKENNTNISSE DES TAGES

DAS MACHE ICH MORGEN BESSER

DARAUF FREUE ICH MICH MORGEN

ABENDROUTINE

Schlafenszeit

:

Routine

„ERFOLG HAT
DREI BUCHSTABEN:
TUN"

- JOHANN WOLFGANG VON GOETHE

VITALITÄTSPLAN

Level 4: Pausen

Level 5: Bewegung

Level 6: Sport

Level 7: Ernährung

Level 8: Fasten

Level 9: Digital Detox

MORGEN

__.__.____

M D M D F S S

DANKBARKEIT

POSITIVE SELBSTBEKRÄFTIGUNG

PRIORITÄT DES TAGES

DENKANSTOSS

Wann bist Du das letzte Mal über Dich hinaus gewachsen?

MORGENROUTINE

Aufstehzeit

:

Routine

ABEND

ERFOLGE DES TAGES

ERKENNTNISSE DES TAGES

DAS MACHE ICH MORGEN BESSER

DARAUF FREUE ICH MICH MORGEN

ABENDROUTINE

Schlafenszeit :

Routine ☐

MORGEN

—.—.——

M D M D F S S

DANKBARKEIT

POSITIVE SELBSTBEKRÄFTIGUNG

PRIORITÄT DES TAGES

DENKANSTOSS

„Neugier ist der Docht in der Kerze des Lernens."
- William Arthur Ward

MORGENROUTINE

Aufstehzeit

:

Routine

ABEND

ERFOLGE DES TAGES

ERKENNTNISSE DES TAGES

DAS MACHE ICH MORGEN BESSER

DARAUF FREUE ICH MICH MORGEN

ABENDROUTINE

Schlafenszeit

:

Routine

MORGEN

__.__.____

M D M D F S S

DANKBARKEIT

POSITIVE SELBSTBEKRÄFTIGUNG

PRIORITÄT DES TAGES

DENKANSTOSS

„Veränderung ist lebenswichtig, Verbesserung die logische Form der Veränderung." - James Cash Penney

MORGENROUTINE

Aufstehzeit

:

Routine

ABEND

ERFOLGE DES TAGES

ERKENNTNISSE DES TAGES

DAS MACHE ICH MORGEN BESSER

DARAUF FREUE ICH MICH MORGEN

ABENDROUTINE

Schlafenszeit

:

Routine

MORGEN

—.—.——

M D M D F S S

DANKBARKEIT

POSITIVE SELBSTBEKRÄFTIGUNG

PRIORITÄT DES TAGES

DENKANSTOSS

„Der größte Raum der Welt ist der Raum für Verbesserungen."
- Helmut Schmidt

MORGENROUTINE

Aufstehzeit

:

Routine

ABEND

ERFOLGE DES TAGES

ERKENNTNISSE DES TAGES

DAS MACHE ICH MORGEN BESSER

DARAUF FREUE ICH MICH MORGEN

ABENDROUTINE

Schlafenszeit :

Routine ☐

MORGEN

__.__.____

M D M D F S S

DANKBARKEIT

POSITIVE SELBSTBEKRÄFTIGUNG

PRIORITÄT DES TAGES

DENKANSTOSS

„Die Reise wird nie enden. Es wird immer Wachstum, Verbesserung, Widrigkeiten geben. Du musst alles aufnehmen und tun, was richtig ist, weiter wachsen und weiterleben in dem Moment." - Antonio Brown

MORGENROUTINE

Aufstehzeit

:

Routine

ABEND

ERFOLGE DES TAGES

ERKENNTNISSE DES TAGES

DAS MACHE ICH MORGEN BESSER

DARAUF FREUE ICH MICH MORGEN

ABENDROUTINE

Schlafenszeit :

Routine

WOCHEN **ABSCHLUSS**

TOP 3 **ERFOLGE**

___

___

___

TOP 3 **ERKENNTNISSE**

___

___

___

DAS MACHE ICH **NÄCHSTE WOCHE BESSER**

___

___

REFLEKTION DER **CHALLENGES**

PRODUKTIVITÄTSPLAN ___

___

___

VITALITÄTSPLAN ___

___

___

PUNKTZAHL | /2 |

WOCHEN **AUSBLICK**

MO

DI

MI

DO

FR

SA

SO

ABSCHLUSS-REFLEKTION

DU HAST ES GESCHAFFT!!!

HERZLICHEN GLÜCKWUNSCH,

wir sind sehr stolz auf Dich, denn wir wissen, dass die letzten 10 Wochen kein Spaziergang waren. Und hier bist Du nun und hast jeden Grund zum Feiern. Du hast Dich bewusst dazu entschieden, Deine Komfort-Zone zu verlassen und genießt hoffentlich schon die ersten Früchte Deiner Anstrengungen.

Gönne Dir auf jeden Fall Deine zu Anfang in Deinem Vertrag beschriebene Belohnung und nimm Dir einen Tag Zeit für Dich. Einen Tag ohne Verabredungen und Verpflichtungen, an dem Du einfach nur Du selbst bist. So kannst Du auch all die Erfahrungen der letzten Wochen verarbeiten und hast danach einen klaren Kopf, um in Ruhe zu reflektieren. Um Dich bei Deiner Reflektion zu unterstützen, stellen wir Dir das folgende und letzte Kapitel "Abschlussreflektion" zur Verfügung.

Es wartet Deine Gesamtpunktzahl, eine letzte Zufriedenheitseinschätzung und ein Blick über alle Levels auf Dich. Genieße es, Dich mit Deinen größten Erfolgen und Erkenntnissen der letzten Wochen zu beschäftigen und sei stolz auf Dich.

Wenn Dir der ERFOLGSCOACH gefallen hat, würden wir uns sehr über eine Bewertung auf Amazon freuen, damit wir noch mehr Menschen helfen können, nachhaltig erfolgreich zu sein.

Nur das Beste auf Deiner weiteren Reise wünschen Dir,

Julian & Adrian

ABSCHLUSSREFLEKTION

Du weißt, dass wir große Fans des Reflektierens sind und deshalb ist es Zeit für eine letzte Reflektion. Doch diese hat es in sich, denn Du darfst Dich mit den Highlights der vergangenen 10 Wochen befassen.

Schritt 1:

Blättere zurück auf Seite 38 zur Zufriedenheits-Einschätzung und führe sie ein zweites Mal durch. Dadurch erkennst Du, in welchen Bereichen Du Dich verbessert hast. Direkt im Anschluss geht es weiter mit Schritt 2, also lies ihn Dir direkt durch.

Schritt 2:

Blättere durch alle Levels und setze Dich ganz bewusst und in Ruhe mit den jeweiligen Erfolgen und Erkenntnissen jedes "Wochenabschlusses" auseinander. Trage außerdem Deine Punktzahl (0-2) jeder Wochenabschluss-Seite neben den entsprechenden Levels in der nebenstehenden Grafik, dem Erfolgsturm ein.

Schritt 3:

Addiere die Punktzahl aus jedem Level zu Deiner Gesamtpunktzahl und trage sie ganz oben auf dem Erfolgsturm unter "Gesamtpunktzahl" ein.

Schritt 4:

Schaue in der untenstehenden Tabelle, welches Abzeichen Du Dir verdient hast und freue Dich über Dein Ergebnis!

Bronze: *1 - 10*	**Silber:** *11 - 15*	**Gold:** *16 - 20*

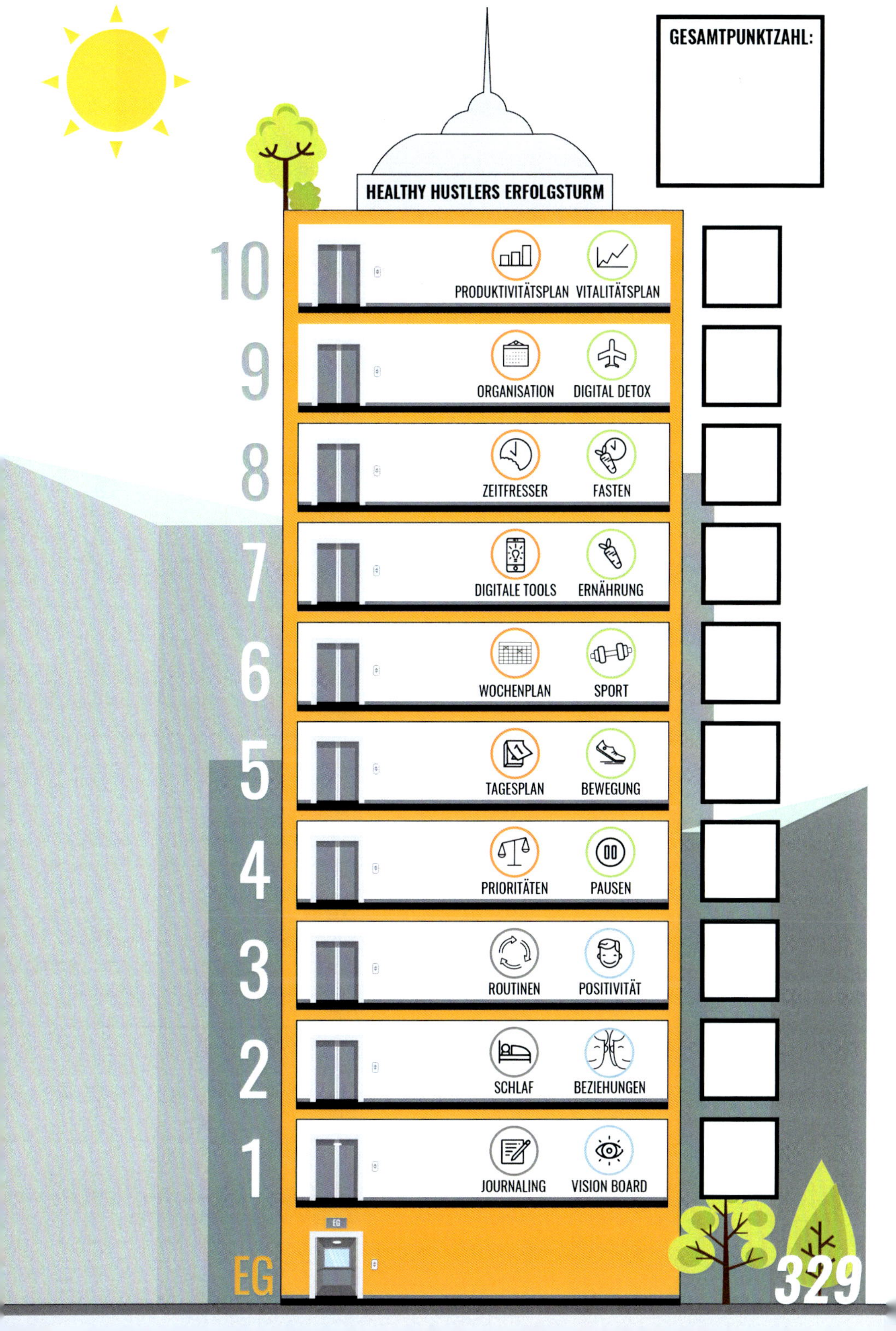

GESAMTPUNKTZAHL:
HEALTHY HUSTLERS ERFOLGSTURM
10
PRODUKTIVITÄTSPLAN
VITALITÄTSPLAN
9
ORGANISATION
DIGITAL DETOX
8
ZEITFRESSER
FASTEN
7
DIGITALE TOOLS
ERNÄHRUNG
6
WOCHENPLAN
SPORT
5
TAGESPLAN
BEWEGUNG
4
PRIORITÄTEN
PAUSEN
3
ROUTINEN
POSITIVITÄT
2
SCHLAF
BEZIEHUNGEN
1
JOURNALING
VISION BOARD
EG

Nachdem Du nun jedes Level für sich reflektiert hast, ist es Zeit, Dein persönliches Fazit zu ziehen. Wir nutzen dazu das gewohnte Format aus dem Wochenabschluss.

Was waren für Dich die größten Erfolge der letzten 10 Wochen?

Was waren für Dich die größten Erkenntnisse der letzten 10 Wochen?

HEALTHY HUSTLERS

Du möchtest individuell beraten werden, wie Du Dir erfolgreich Dein eigenes Business aufbaust? Wir bieten auch Einzelcoachings für Gründer an!

Du hast eine Idee und willst Dein eigenes Business starten oder bist bereits in den Anfängen der Umsetzung? Du stehst vor einem Riesenberg an Aufgaben und weißt nicht, wo du anfangen sollst? Dir fehlt ein konkretes Ziel, auf das Du hinarbeitest und jemand, der Dir wertvolles Feedback gibt?

Wir stellen Dein Business von Anfang an auf ein starkes Fundament und begleiten Dich in Deine erfolgreiche Selbstständigkeit. Durch unsere Erfahrung können wir Dir nicht nur Zeit und kapitalintensive Fehler ersparen, sondern Dir auch wertvolles Wissen sowie praktische Tipps an die Hand geben und als Mastermind und Motivatoren fungieren. In einem Einzelcoaching analysieren wir Dein Business sowie Deine Ausgangssituation, erarbeiten Verbesserungspotenziale und unterstützen Dich gezielt in einzelnen Themen oder über einen längeren Zeitraum.

Auf unserer Website ***www.healthyhustlers.de*** *kannst Du Dich näher über unser Angebot informieren und ein kostenloses Beratungsgespräch vereinbaren. Wir freuen uns von Dir zu hören!*

#HEALTHYHUSTLE

wissen solltest!. https://upfit.de/coach/was-du-ueber-kurzkettige-und-langkettige-kohlenhydrate-wissen-solltest/

13) 5 am Tag (2018). Was ist 5 am Tag. https://www.5amtag.de/wissen/was-ist-5-am-tag/

14) Gesund (2018). Wasseranteil, was ist optimal für Sie?. https://vidagesund.de/wasseranteil/

Level 8

1) Hess, T., Meyer, A., Schmitz, C. (2017). Smartphone und IoT Verbrauchertrends 2017. München: Ludwig-Maximilians-Universität.

2) Statistisches Bundesamt Wiesbaden (2015). Zeitverwendungserhebung – Aktivitäten in Stunden und Minuten für ausgewählte Personengruppen. Wiesbaden: Statistisches Bundesamt.

3) Robert Half (2014). Studie: Mitarbeiter leiden unter zu vielen E-Mails und Meetings. Frankfurt am Main: Robert Half

4) Ellrott, PD Dr. med. T., Barlovic, I. (2012). Kinderärztliche Praxis - Essverhalten: Prägung, Präferenzen und Beeinflussung. Mainz: Verlag Kirchheim

5) Zentrum der Gesundheit (2018). Intermittierendes Fasten - Der gesunde Essrhytmus. https://www.zentrum-der-gesundheit.de/intermittierendes-fasten-ia.html

Level 9

1) Tecmark (2014). Tecmark Smartphone Usage Survey 2014. http://www.tecmark.co.uk/smartphone-usage-data-uk-2014/

2) Markowetz, A. (2015). Digitaler Burnout. München: Droemer Knaur

3) Finsterbusch, S. (2018). Smartphone-Sucht: Das gehackte Gehirn. http://www.faz.net/aktuell/wirtschaft/diginomics/wenn-das-smartphone-zur-droge-wird-15625900-p2.html

4) Kuss, A. (2015). No-Gos im Schlafzimmer - Diese Einflüsse schädigen den Schlaf. https://www.schlaftempel.de/magazin/wissenswertes/no-gos-im-schlafzimmer-diese-einfluesse-schaedigen-den-schlaf

definition/digitalisierung-54195

2) Brandenberg, A. (2017). Digitale Revolution: Was bedeutet das? Hochschule Luzern, Institut für Kommunikation und Marketing IKM https://ikm-hslu.ch/ikm-blog/2017/01/31/digitale-revolution-was-bedeutet-das/

3) Lindner, F. (2016). IoT Definitionen: Was ist eigentlich das Internet der Dinge? ExpertenDerIT, Das Insider-Portal für IT-Profis. https://www.expertenderit.de/blog/iot-definitionen-was-ist-eigentlich-das-internet-der-dinge

4) Landmann J, Heumann S. (2016). Auf dem Weg zum Arbeitsmarkt 4.0? Mögliche Auswirkungen der Digitalisierung auf Arbeit und Beschäftigung in Deutschland bis 2030. Gütersloh: Bertelsmann Stiftung.
5) Zika G., Helmich R., Maier T., WeberE. und Walter Marc I. (2018). IAB-Kurzbericht: Arbeitsmarkteffekte der Digitalisierung bis 2035. Nürnberg: Institut für Arbeitsmarkt- und Berufsforschung.

6) Warning A. und Weber, E. (2017). IAB-Kurzbericht: Wirtschaft 4.0 - Digitalisierung verändert die betriebliche Personalpolitik. Nürnberg: Institut für Arbeitsmarkt- und Berufsforschung.

7) Levitin, D. (2015). The Organized Mind: Thinking Straight in the Age of Information Overload. München: Random House.

8) Leena (2014). Wie die Zukunft der Wälder mit dem Papierverbrauch zusammenhängt. https://nachhaltig-sein.info/unternehmen-csr-nachhaltigkeit/zusammenhang-papierverbrauch-auswirkung-folgen-walder

9) Silmando (2018). Welche Vorteile hat eine gesunde Ernährung im Alltag. http://www.slimando.com/welche-vorteile-hat-eine-gesunde-ernaehrung-im-alltag/

10) DEBInet - Deutsches Ernährungsberatungs- und Informationsnetz (2018). Ernährungsinformationen - Nährstoffverteilung/ -relation. http://www.ernaehrung.de/tipps/allgemeine_infos/ernaehr13.php

11) Deutsche Gesellschaft für Ernährung e.V. (2018). Vollwertig essen und trinken nach den 10 Regeln der DGE. https://www.dge.de/fileadmin/public/doc/fm/10-Regeln-der-DGE.pdf

12) Upfit (2018). Was du über kurz- und langkettige Kohlenhydrate

gungsmangel

2) Lee, I. (2010). Physical activity and public health: updated recommendation for adults form the American College of Sports Medicine and the American Heart Association. Boston: Harvard School of Public Health.

3) Lear, Scott A. (2017). The effect of physical activity on mortality and cardiovascular disease in 130 000 people from 17 high-income, middle-income, and low-income countries: the PURE study. The Lancet.

4) Dwyer, T., Pezic, A., Sun, C., Chrane, J., Venn, A., Srikanth, V., Jones, G., Shook, R., Sui, X., Ortaglia, A., Blair, S., Ponsonby, A. L. (2015). Objectively Measured Daily Steps and Subsequent Long Term All-Cause Mortality: The Tasped Prospective Cohort Study. San Francisco: PLOS

5) Dwyer, T., Pezic, A., Sun, C., Chrane, J., Venn, A., Srikanth, V., Jones, G., Shook, R., Sui, X., Ortaglia, A., Blair, S., Ponsonby, A. L. (2015). Objectively Measured Daily Steps and Subsequent Long Term All-Cause Mortality: The Tasped Prospective Cohort Study. San Francisco: PLOS

6) Lear, Scott A. (2017). The effect of physical activity on mortality and cardiovascular disease in 130 000 people from 17 high-income, middle-income, and low-income countries: the PURE study. The Lancet.

Level 6

1) J. Ratey, J & Loehr, J. E. (2011). The positive impact of physical activity on cognition during adulthood: a review of underlying mechanisms, evidence, and recommendations. Reviews in the Neuroscience.

2) Brigitte (2018). 11 Gründe, warum Sport viel mehr als nur fit macht. https://www.brigitte.de/gesund/fitness-fatburn/psyche--11-gruende--warum-sport-viel-mehr-als-nur-fit-macht-10187644.html

3) Oregon State University (2011). Study: Physical activity impacts overall quality of sleep. Corvallis: Oregon State University.

4) Hkk Krankenkasse (2018). Besser schlafen durch Sport. https://www.hkk.de/themen/schlafen/besser-schlafen-durch-sport

Level 7

1) Bendel, Prof. Dr. Oliver (2018. Digitalisierung: Ausführliche Definition. Gabler Wirtschaftslexikon. https://wirtschaftslexikon.gabler.de/

and Insomnia. San Diego: University of California

4) Techniker Krankenkasse (2017). Schlaf gut, Deutschland. TK-Schlafstudie 2017.

5) American Academy of Sleep Medicine (2007). College students: getting enough sleep is vital to academic success. Westchester.

Level 3

1) Waldinger, Robert J. / Schulz Marc S. (2011) What's Love Got To Do With It?: Social Functioning, Perceived Health, and Daily Happiness in Married Octogenarians. Cambridge: Harvard Study of Adult Development

2) Verplanken, B., Wood, W. (2006). Journal of Public Policy and Marketing 25, no. 1 (2006): Interventions to Break and Create Consumer Habits. Chicago: American Marketing Association

3) 4) Duhigg, C. (2012). The Power of Habit: Why we do what we do and how to change. London: The Random House Group Limited.

5) Achor, S. (2010). The happiness advantage. New York: Crown Publishing Group.

6) Fredrickson, B. L. (2001). The role of positive emotions in positive psychology: The broaden-and-build theory of positive emotions. American Psychologist.

Level 4

1) Iqbal, Shamsi T./Horvitz, Eric (2007). Disruption and Recovery of Computing Tasks: Field Study, Analysis, and Directions.

2) Blasche, G., Bauböck, V. M., & Haluza, D. (2017). International Archives of Occupational and Environmental Health. Work-related self-assessed fatigue and recovery among nurses. Berlin: Springer.

3) Paridon, H. / Lazar N. (2017). Regeneration, Erholung, Pausengestaltung – alte Rezepte für moderne Arbeitswelten? Berlin: Initiative Gesundheit und Arbeit

Level 5

1) Tran, M. (2015).10 bedenkliche Statistiken über den heutigen Bewegungsmangel und wie Du diesen bekämpfst. https://www.ergotopia.de/blog/statistiken-ueber-bewe-

DESIGN | CI, Layout & Grafiken
Kathrin Fuchsbauer a.k.a **Der Designfuchs**

Designexpertin für Herzensprojekte & Businesses mit Leidenschaft
www.derdesignfuchs.de | hallo@derdesignfuchs.de | @derdesignfuchs

DANKESCHÖN

MERCI

*Wir danken von ganzem Herzen **unseren Familien**, die uns auf unserer Reise ins Unternehmertum bedingungslos unterstützen. Danke **Sonja, Andreas, Luca und Marius.** Danke **Hildegard, Larissa, Ulrike und Holger**.*

*Außerdem danken wir unseren **engen Freunden** für das Verständnis, dass wir unseren Fokus in heißen Phasen auf das Business richten.*

*Ohne **Robert Gladitz** und die **AWESOME PEOPLE Talentschmiede** gäbe es weder die Healthy Hustlers noch diesen ERFOLGSCOACH. Danke Rob, dass Du an uns geglaubt hast und für Deinen Support.*

***150 Menschen** haben 8 Wochen lang die Erstauflage des ERFOLGSCOACH getestet und mit ihrem Feedback dafür gesorgt, dass wir ihn noch besser machen konnten. Danke für Euer Vertrauen und Eure Zeit.*

*Und last but not least danke an alle **13 Experten**, die den ERFOLGSCOACH mit ihrem Wissen bereichern. Wir freuen uns auf zukünftige Kooperationen.*

„KONTINUIERLICHE ANSTRENGUNG - NICHT STÄRKE ODER INTELLIGENZ - SIND DER SCHLÜSSEL ZUR ERSCHLIESSUNG UNSERES POTENZIALS."

- WINSTON CHURCHILL